Robert B. Maddux

Team-Bildung

- Gruppen zu Teams entwickeln
- Leitfaden zur Steigerung
  der Effektivität einer Organisation

New**Business**Line

D1664205

UEBERREUTER

Die Deutsche Bibliothek – CIP-Einheitsaufnahme

Maddux, Robert B.:
Team-Bildung : Gruppen zu Teams entwickeln ; Leitfaden zur
Steigerung der Effektivität einer Organisation / Robert B.
Maddux. [Aus dem Amerikan. von Lexicomm, konz.
Fachübersetzungsbüro, Wien. Ill.: Josef Koo]. – Wien :
Wirtschaftsverl. Ueberreuter, 1993
(Manager-Magazin-Edition) (New Business Line)
Einheitssacht.: Team Building <dt.>
ISBN 3-7064-0568-7

S 0471   2 3 4 / 2002 2001 1999
Aus dem Amerikanischen von Lexicomm® konz. Fachübersetzungsbüro,
Wien
Originaltitel »Team Building: An Exercise in Leadership«, erschienen im
Verlag Crisp Publications, Inc., Los Altos, Kalifornien
Copyright© 1986, 1988 by Crisp Publications, Inc.
Fachredaktion: Dr. Peter Kowar
Technische Redaktion: Dr. Andreas Zeiner
Umschlag: Init, Büro für Gestaltung
Illustrationen: Josef Koo
Copyright© der deutschsprachigen Ausgabe 1993, 1999 by
Wirtschaftsverlag Carl Ueberreuter, Wien/Frankfurt
Printed in Hungary

Inhalt

In allen Wirtschaftssystemen müssen die Menschen jene Güter und Dienstleistungen produzieren bzw. bereitstellen, die zum Leben notwendig sind. Wie gut ihnen das gelingt und wieviel sie produzieren, hängt von Wissen, Kenntnissen, Kreativität, Engagement, Einstellung und der angewandten Technologie sowie schließlich auch von der Eignung und Qualität jener Personen ab, von denen die Leute geführt werden.

In den meisten Fällen arbeiten Menschen, die gemeinsame oder ähnliche Funktionen haben, in kleinen Gruppen zusammen. Jedes Mitglied einer solchen Gruppe hat individuelle Anliegen, Fähigkeiten und Einstellungen in bezug auf die zu bewältigende Aufgabe. Da die Menschen in ihren Gedanken, Gefühlen und Reaktionen ganz verschieden sind, erkennen sie oft die Vorteile nicht, die sich durch die Zusammenarbeit und die gegenseitige Unterstützung zur Erreichung eines gemeinsamen Ziels ergeben. Das läßt sich in der ersten Trainingsstunde eines beliebigen Schulsportteams beobachten. Einige der Spieler verfügen über eine beachtliche Begabung, andere sind weniger geschickt. Letzten Endes wird der Gruppe kein großer Erfolg beschieden sein, wenn sie nicht erfolgreich zur Zusammenarbeit motiviert wird. Einem geschickten Trainer wird es gelingen, die Talente der Mannschaft in einem Team zu vereinen, und er wird den Spielern beibringen, so zusammenzuspielen, daß sich ihre individuellen Stärken und Schwächen ausgleichen.

Ähnlich verhält es sich auch in der Arbeitswelt, wo die erreichten Ergebnisse nur selten dem Talent eines einzelnen zu verdanken sind. Alle Menschen werden durch die Einstellungen und Handlungen ihrer Kollegen und Manager beeinflußt. Wenn der Einfluß, der von der Arbeitsumgebung ausgeht, positiv ist, arbeiten die meisten Menschen produktiv. Dasselbe gilt für Gruppen von Arbeitern. Wenn der Einfluß der Umgebung negativ ist, tendieren sowohl Einzelpersonen als auch Gruppen zu einer geringeren Produktivität.

Dieses Buch ist Lehrkonzepten gewidmet, die dazu beitragen sollen, die Arbeit positiv und produktiv zu gestalten. Es zeigt Prinzipien auf, durch die eine Gruppe in ein Team verwandelt werden kann. Die Konzepte sind nicht schwer zu verstehen, aber ihre Anwendung in der Praxis erfordert Einsatz und konsequente Arbeit.

Viel Glück!

Robert B. Maddux

Teambildung unterscheidet sich von den meisten anderen Büchern. Es ermöglicht Ihnen, in Ihrem eigenen Tempo zu lernen, und fördert das persönliche Engagement. In diesem Buch, das dazu gedacht ist, »mit dem Bleistift in der Hand« gelesen zu werden, finden Sie eine Fülle von Übungen, Aktivitäten, Fallbeispielen und Auswertungen, die Sie zur Mitarbeit anregen.

Das Ziel von **Teambildung** besteht darin, dem Leser die Unterschiede zwischen Gruppe und Team erkennen zu helfen und dann jene Verhaltensänderungen vorzunehmen, die eventuell nötig sind, um die in diesem Buch präsentierten Konzepte auf die spezifische Managementsituation des Lesers anzuwenden.

Teambildung (und die anderen ab Seite 84 aufgelisteten Bücher) kann auf verschiedene Weise effektiv eingesetzt werden. Es folgen einige Möglichkeiten:

■ *Einzelstudium.* Da das Buch für das Selbststudium konzipiert ist, brauchen Sie nichts weiter als einen ruhigen Ort, etwas Zeit und einen Stift. Wenn Sie alle Aktivitäten und Übungen mitmachen, erhalten Sie nicht nur wertvolles Feedback, sondern auch praktische Anregungen, wie Sie Ihre Fähigkeiten und Kenntnisse schrittweise verbessern können.

■ *Workshops und Seminare.* Dieses Buch eignet sich in idealer Weise zur Vorbereitung auf ein Workshop oder ein Seminar. Wenn Sie mit den hier dargelegten Grundlagen vertraut sind, können Sie die Qualität Ihrer Beiträge verbessern und so während der Veranstaltung mehr Zeit für Konzepterweiterungen und praktische Anwendungen erübrigen. Das Buch kann auch von großem Nutzen sein, wenn der Schulungsleiter es zu Beginn einer Veranstaltung austeilt und mit den Teilnehmern den Inhalt durchnimmt.

■ *Fernschulungskurse.* Schulungsteilnehmern, die nicht an Kursen vor Ort teilnehmen können, kann ein Exemplar zugesandt werden.

■ *Informelle Studiengruppen.* Dank handlichem Format, Kompaktheit und Kostengünstigkeit eignet sich dieses Buch in idealer Weise für informelle Studiengruppen aller Art.

Es gibt noch andere Anwendungsmöglichkeiten, die von den Zielsetzungen, Programmen oder Vorstellungen des Benutzers abhängen. Eines ist sicher: Auch nachdem Sie es durchgearbeitet haben, wird Ihnen dieses Buch als ausgezeichnetes und übersichtliches Nachschlagewerk dienen.

Teil 1:
Einige wichtige Zielsetzungen für den Leser

Ziele geben unserem Tun eine Richtung; sie stellen eine Definition dessen dar, was wir durchsetzen wollen, und vermitteln uns ein Gefühl der Zufriedenheit, wenn wir sie erreicht haben. Kreuzen Sie jene Ziele an, die Ihnen wichtig sind. Dieses Buch wird Ihnen helfen, sie zu erreichen.

Ich möchte ...

... in der Lage sein, den Unterschied zwischen Gruppe und Team zu erklären .... ☐

... erkennen lernen, wann eine Situation eher ein Team als eine Gruppe erfordert .... ☐

... lernen, wie man aus einer Gruppe ein Team aufbaut .... ☐

... Führungstechniken verstehen und in der Praxis anwenden .... ☐

... mir die persönlichen und beruflichen Vorteile zunutze machen, die eine erfolgreiche Teamarbeit bietet .... ☐

Gruppen sind fundamentale Elemente jeder Organisation

Seit es Menschen gibt, schließen sie sich zu Gruppen zusammen. Gruppen bilden die Basis für Familien, Schutz, Kriegführung, Regierung, Freizeit und Arbeit. Der Effekt von Gruppen reicht vom völligen Chaos bis hin zum überwältigenden Erfolg, aber es zeigt sich immer stärker, daß eine Gruppe dann am erfolgreichsten ist, wenn sie zu einer produktiveren Organisationseinheit – bekannt unter der Bezeichnung Team – zusammenwächst.

Die Manager vieler Organisationen scheinen mit der Leistung der Gruppen in ihrer Umgebung ganz zufrieden zu sein. Das liegt oft daran, daß sie die *tatsächlichen* Leistungen nicht zu den *potentiellen* Leistungen, die unter nur geringfügig veränderten Umständen erzielt werden könnten, in Beziehung setzen. Andere Führungspersonen, denen dieselbe Zahl von Mitarbeitern zur Verfügung steht und die an ähnlichen Aufgabenstellungen und auch mit derselben Technologie arbeiten, sind imstande, die Produktivität drastisch zu verbessern, indem sie ein Klima schaffen, das alle dazu motiviert, ihr Bestes zu geben und in Teams zusammenzuarbeiten.

Auf der gegenüberliegenden Seite finden Sie einen Vergleich zwischen Teams und Gruppen. Kreuzen Sie jene Merkmale an, die für die Einheit, in der Sie derzeit arbeiten, charakteristisch sind.

Gruppen versus Teams

■ Gruppen	■ Teams
☐ ... Die Mitglieder sind der Ansicht, daß sie nur aus administrativen Gründen zu einer Gruppe zusammengefaßt wurden. Die Mitglieder arbeiten unabhängig voneinander; manchmal kollidieren ihre Aufgabenstellungen mit jenen anderer.	☐ ... Die Mitglieder erkennen ihre gegenseitige Abhängigkeit und wissen, daß sowohl die persönlichen Ziele als auch jene des Teams am besten durch wechselseitige Unterstützung erreicht werden können. Die Zeit wird nicht mit kleinlichen Streitereien verschwendet oder mit Versuchen, auf Kosten anderer persönliche Vorteile zu erlangen.
☐ ... Die Mitglieder tendieren dazu, sich auf sich selbst zu konzentrieren, weil sie nicht ausreichend in die Planung der Zielsetzungen der Einheit eingebunden sind. Sie gehen ohne innere Anteilnahme an ihren Job heran.	☐ ... Die Mitglieder fühlen sich als »Besitzer« ihrer Jobs und Einheiten, weil sie sich den Zielen, zu deren Festlegung sie beigetragen haben, verpflichtet fühlen.
☐ ... Man erteilt den Mitgliedern Befehle, anstatt sie zu fragen, welches der beste Ansatz wäre. Sie werden nicht zu eigenen Beiträgen ermutigt.	☐ ... Die Mitglieder tragen zum Erfolg der Organisation bei, indem sie ihre ganz besonderen Fähigkeiten und Talente zur Erreichung der Ziele des Teams einsetzen.
☐ ... Die Mitglieder mißtrauen den Motiven der Kollegen, weil sie die Rollen der anderen Mitglieder nicht verstehen. Das Ausdrücken der eigenen Meinung oder Widerspruch werden als entzweiend oder unkonstruktiv empfunden.	☐ ... Die Mitglieder arbeiten in einem Klima des Vertrauens und werden dazu ermutigt, ihre Vorstellungen und Meinungen, ihre Kritik und ihre Gefühle offen auszudrücken. Fragen sind willkommen.

■ Gruppen ■ Teams

☐ ... Die Mitglieder sind so vorsichtig mit dem, was sie sagen, daß eine echte Verständigung nicht möglich ist. Es kann passieren, daß Spielchen gespielt werden und Unvorsichtigen Kommunikationsfallen gestellt werden.

☐ ... Die Mitglieder praktizieren eine offene und ehrliche Kommunikation. Sie versuchen, den Standpunkt der anderen zu verstehen.

☐ ... Den Mitgliedern wird eine ausgezeichnete Schulung zuteil. Deren Anwendung auf die Aufgabenstellung wird jedoch durch den Vorgesetzten oder andere Mitglieder beschränkt.

☐ ... Die Mitglieder werden dazu ermutigt, Fähigkeiten zu entwickeln und das Gelernte auf ihre Arbeit anzuwenden. Sie können sich der Unterstützung des Teams sicher sein.

☐ ... Die Mitglieder finden sich in Konfliktsituationen, die sie nicht von sich aus lösen können. Der Vorgesetzte schiebt manchmal eine Intervention so lange auf, bis ein Schaden entstanden ist.

☐ ... Die Mitglieder betrachten Konflikte als durchaus normale Aspekte menschlicher Interaktion, und sie sehen solche Situationen als Chance zur Entwicklung von Kreativität und neuen Ideen. Sie versuchen, die Konflikte rasch und konstruktiv zu lösen.

☐ ... Die Mitglieder sind an Entscheidungen, die das Team betreffen, beteiligt oder auch nicht. Konformität erscheint oft wichtiger als positive Ergebnisse.

☐ ... Die Mitglieder beteiligen sich an Entscheidungen, die das Team betreffen, aber sie wissen, daß die endgültige Entscheidung demTeamleader vorbehalten bleiben muß, wann immer es dem Team nicht gelingt, zu einer Entscheidung zu kommen, oder wenn Not am Mann ist. Das Ziel besteht in positiven Ergebnissen und nicht in Konformität.

Teamleader verhalten sich anders als Personen, die sich damit zufriedengeben, eine Gruppe zu führen. Diese Verhaltensweisen richten sich nach den verschiedenen Lebenserfahrungen und Werten, die sich die betreffenden Personen im Laufe der Jahre angeeignet haben.

In Anbetracht der rapiden Veränderungen, denen Organisationen in der heutigen Zeit unterworfen sind, ist es für Leute in Top-Positionen wichtig, ihren Führungsstil von Zeit zu Zeit den neuen Gegebenheiten anzupassen. Dies ist die einzige Möglichkeit, jene Anpassungen zu erreichen, die nötig sind, um weiterhin effektiv arbeiten zu können.

Planen Sie alle nötigen Veränderungen Ihres Führungsstils, und bewerten Sie die Ergebnisse mit großer Sorgfalt. Hören Sie erst dann mit den Anpassungen auf, wenn Sie die gewünschten Ergebnisse erreicht haben. Bleiben Sie weiterhin auf der Suche nach neuen Methoden, um Ihre Führungsqualitäten zu verbessern.

Unterschiede zwischen gruppenorientierten und teamorientierten Managern

Kreuzen Sie jene Qualitäten an, die Sie zum gegenwärtigen Zeitpunkt am besten charakterisieren.

■ gruppenorientiert	■ teamorientiert
☐ ... Allzugroße Konzentration auf die Erreichung der aktuellen Ziele behindert das Nachdenken über Dinge, die durch eine Reorganisation zur Förderung der Beiträge von Mitgliedern erreicht werden könnten.	☐ ... Aktuelle Ziele werden spielend erreicht. Manchmal habe ich Visionen darüber, was Leute als Team zu erreichen imstande sind. Ich kann Visionen vermitteln und entsprechend handeln.
☐ ... Ich richte mich nach den Vorgesetzten, Kollegen und Mitarbeitern.	☐ ... In den meisten Beziehungen spiele ich eine ausgesprochen aktive Rolle. Ich zeige persönlichen Stil und kann zu Begeisterung und Aktivität motivieren. Ich fördere Teamarbeit und wechselseitige Unterstützung.
☐ ... Ich bin gewillt, andere in gewissen Grenzen, aber nicht unbeschränkt in Planungs- und Problemlösungsaktivitäten einzubeziehen.	☐ ... Ich beziehe Leute mit ein und bewege sie zu Engagement. Ich erleichtere es anderen, Möglichkeiten zur Teamarbeit zu erkennen. Anderen Leuten biete ich Chancen, etwas zu leisten.
☐ ... Mitarbeiter, die ihren Job besser machen als der Manager, sind mir suspekt.	☐ ... Ich suche Leute, die ausgezeichnete Leistungen erbringen wollen und konstruktiv mit anderen zusammenarbeiten können. Dabei ist es meine Rolle, zu diesen Verhaltensweisen zu ermutigen und sie zu erleichtern.

■ gruppenorientiert	■ teamorientiert
☐ ... Das Lösen von Problemen durch die Gruppe sehe ich als Zeitverschwendung und Abgabe von meiner Führungsverantwortung.	☐ ... Teammitglieder sind für die Problemlösung zuständig.
☐ ... Ich kontrolliere Informationen und gebe nur die Dinge an die Gruppenmitglieder weiter, die sie wissen wollen oder müssen.	☐ ... Ich informiere umfassend und kommuniziere offen. Ich freue mich über Fragen und ermögliche es dem Team, selbst die Spreu vom Weizen zu trennen.
☐ ... Konflikte zwischen Belegschaftsmitgliedern oder mit anderen Gruppen ignoriere ich grundsätzlich.	☐ ... Ich schlichte Konflikte, bevor sie destruktiv werden.
☐ ... Manchmal anerkenne ich die Leistungen einzelner oder auch Gruppenleistungen erst mit Verspätung.	☐ ... Ich achte darauf, daß sowohl individuelle als auch Teamleistungen zum richtigen Zeitpunkt und auf geeignete Weise anerkannt werden.
☐ ... Manchmal modifiziere ich Gruppenvereinbarungen so, daß sie meinen Vorstellungen besser entsprechen.	☐ ... Ich halte mich an Verpflichtungen und erwarte von anderen dasselbe.

Erhöhte Produktivität ist ein Neben-produkt der Teamarbeit

Wenn produktive Teams mit weniger produktiven Gruppen verglichen werden, findet man einige wichtige Unterschiede, was die Umsetzung der Vorstellungen des Teams betrifft. Beispiel:

Im Rahmen einer Studie wurden zwanzig Kohlebergwerke untersucht, die mit derselben geologischen Struktur konfrontiert waren, ihre Mitarbeiter aus demselben Arbeitskräftepool bezogen und denselben gesetzlichen Bestimmungen unterlagen. Die Produktivität wurde gemessen, indem man ermittelte, wie viele Tonnen Kohle die einzelnen Mitarbeiter pro Schicht produzierten.

Das Bergwerk mit der höchsten Produktivität konnte 242 Tonnen Kohle pro Mitarbeiter und Schicht vorweisen, das schwächste brachte es dagegen nur auf 58 Tonnen pro Mitarbeiter. Die anderen Bergwerke lagen irgendwo dazwischen.

Die Erkenntnisse aus dieser Studie: »Der wichtigste Unterschied lag in der Art und Weise, in der das Firmenmanagement mit den Mitarbeitern umging. Im produktivsten Bergwerk wurde der Belegschaft weitaus mehr individuelle Verantwortung übertragen und diese auch stärker in die Festlegung von Zielen und in die Entscheidungsfindung miteinbezogen.«

Konzepte zum Aufbau von Teams lassen sich in jeder Organisation verwirklichen

Ein ausgezeichnetes Beispiel für den Prozeß des Teamaufbaus findet sich im Sport, wo sich jedes Jahr von neuem Gruppen bilden, die sich mit anderen messen. Eine Gruppe entwickelt sich dann zu einem Team, wenn alle Mitglieder eine gemeinsame Zielvorstellung haben. In einem effektiven Team übernimmt jedes Mitglied eine ihm zugeteilte Rolle und setzt seine Talente nach bestem Vermögen ein. Wenn die Mitglieder ihre Fähigkeiten »zusammenlegen«, um Stärken zu akzentuieren und Schwächen auszugleichen, werden die Zielsetzungen des Teams im allgemeinen erreicht. Wenn die Gruppenmitglieder im Gegensatz dazu als Einzelpersonen auftreten, können die Ziele im allgemeinen nicht erreicht werden. Die meisten »Siege« oder »Niederlagen« sind das Ergebnis einer solchen »Teamarbeit«. Im Sport erfolgt das Feedback oft unmittelbar. Wenn die Teamarbeit nicht funktioniert, muß ein guter Manager die Probleme feststellen und so lange Maßnahmen setzen, bis die gewünschten Ergebnisse erzielt werden.

Wie im Sport können Gruppen auch in Wirtschafts-, Gemeinde- oder Regierungsfunktionen viel mehr erreichen, wenn sie als »Teams« arbeiten. Leider verabsäumen viele Chefs, jene Prinzipien anzuwenden, die sie beim Coachen einer Sportmannschaft als selbstverständlich voraussetzen. In einer Arbeitssituation können sie ihre Gruppe nicht in ein produktives Team verwandeln. Mangelnde Produktivität ist meist nicht sofort erkennbar, weil das »Feedback« in der Form von Ergebnissen nicht so unmittelbar oder drastisch erfolgt, wie dies im Sport der Fall ist. Die wahren Probleme bleiben oft unerkannt, und die Abhilfemaßnahmen greifen, wenn sie überhaupt gesetzt werden, oft nur langsam.

Effektive Teamarbeit kennt keine Hierarchieebenen. Sie ist unter Top-Managern ebenso wichtig wie im mittleren Management, für die Elite ebenso wie für das »Fußvolk«. Wenn es auf irgendeiner Ebene (oder auch zwischen den einzelnen Ebenen) keine Teamarbeit gibt, beschränkt dies die Effektivität der Organisation und kann manchmal sogar tödlich für sie sein.

→ Es erfordert Einsatz, Teamarbeit zu initiieren und aufrechtzuerhalten.

Wenn eine Führungskraft keinen großen Wert auf Teamarbeit legt, wird es auch nicht dazu kommen. Es ist bewußte Arbeit nötig, um Teamarbeit zu initiieren, und kontinuierliche Bemühungen sind erforderlich, um sie aufrechtzuerhalten; der Erfolg kann die Mühe jedoch rechtfertigen. Sehen Sie sich die Beispiele auf der gegenüberliegenden Seite an.

Welche Vorteile bringt mir der Aufbau eines Teams?

Viele Führungskräfte räumen der Bildung von Teams eine geringe Priorität ein, weil sie die Vorteile nicht erkennen, die ein gut funktionierendes Team bringt.

Es folgen einige positive Ergebnisse, die durch Teamarbeit erzielt werden können. Kreuzen Sie jene an, die Sie erreichen wollen.

☒ ja, das will ich erreichen!

◼ Realistische, erreichbare Ziele können für das Team und für einzelne Mitglieder genau festgelegt werden, weil die Personen, die für die Bewältigung dieser Aufgaben verantwortlich sind, an der Zieldefinition beteiligt waren .... ☐

◼ Mitarbeiter und Führungspersonen bekennen sich zur gegenseitigen Unterstützung, um dem Team zum Erfolg zu verhelfen ☐

◼ Die Teammitglieder kennen die Prioritäten der anderen und helfen und unterstützen einander bei Schwierigkeiten .... ☐

◼ Die Kommunikation ist offen. Das Vorschlagen verbesserter Arbeitsmethoden, das Einbringen neuer Ideen sowie die Artikulation von Problemen und Besorgnissen werden gefördert ☐

◼ Die Problemlösung funktioniert effektiver, da das Fachwissen des gesamten Teams zur Verfügung steht .... ☐

◼ Das Leistungsfeedback ist wirksamer, weil die Teammitglieder wissen, was von ihnen erwartet wird, und sie ihre tatsächlichen Leistungen mit den Erwartungen vergleichen können .... ☐

◼ Konflikte werden als normal und als Chance zur Lösung von Problemen betrachtet. Durch offene Diskussionen können sie gelöst werden, bevor sie sich destruktiv auswirken .... ☐

■ Es wird für ein Gleichgewicht zwischen der Produktivität der Gruppe und der Befriedigung der persönlichen Bedürfnisse der Teammitglieder gesorgt .... ☐

■ Das Team erhält Anerkennung für hervorragende Ergebnisse, ebenso werden Einzelpersonen für persönliche Beiträge anerkannt .... ☐

■ Die Mitglieder werden ermutigt, ihre Fähigkeiten auf die Probe zu stellen und Ideen auszuprobieren. Das wirkt ansteckend und regt die einzelnen Personen zu größeren Leistungen an ... ☐

■ Die Teammitglieder erkennen, wie wichtig disziplinierte Arbeitsgewohnheiten sind, und stimmen ihr Verhalten auf die im Team geltenden Standards ab .... ☐

Zu lernen, wie man in einem Team zusammenarbeitet, ist eine gute Vorbereitung für die Teamarbeit in den unterschiedlichsten Arbeitsteams. Es ist aber auch eine gute Vorbereitung auf beruflichen Aufstieg.

➜ **Teamarbeit und Produktivität gehen Hand in Hand**

Ihre Einstellung ist entscheidend für den Aufbau eines Teams

Wenn man das Konzept des Teamaufbaus einmal verstanden hat und es auf allen Ebenen einer Organisation anwendet, wird es viel leichter, in der gesamten Organisation Gruppen in Teams zu verwandeln.

Es ist jedoch immer von Vorteil, ein Team zu bilden, gleichgültig, ob andere dies tun oder nicht. Eine positive Einstellung zum Aufbau von Teams ist ausschlaggebend.

Überprüfen Sie Ihre Einstellung mit Hilfe der entsprechenden Übung auf der nächsten Seite.

Wesentliche Einstellungen für einen effektiven Teamaufbau

Die folgenden Einstellungen sind bei der Bildung von Teams hilfreich. Nachstehende Skala hilft Ihnen, Ihre Stärken zu identifizieren und festzustellen, in welchen Bereichen Verbesserungen von Vorteil wären. Kreisen Sie jene Zahl ein, die Ihre Position auf der Skala am besten beschreibt. Je höher die Zahl, desto besser trifft das jeweilige Merkmal auf Sie zu. Wenn Sie die Übung beendet haben, addieren Sie die eingekreisten Zahlen, und notieren Sie die Summe auf dem dafür vorgesehenen Platz.

1 = nie, 4 = manchmal, 7 = immer

1. Wenn ich einen Mitarbeiter auszuwählen habe, entscheide ich mich für jemanden, der dem Anforderungsprofil des Jobs entspricht und gut mit anderen zusammenarbeiten kann 1 2 3 4 5 6 7

2. Ich gebe meinen Mitarbeitern das Gefühl, »Verantwortlicher« ihrer Jobs zu sein, indem ich sie in die Festlegung von Zielen, die Problemlösung und in Aktivitäten zur Produktivitätssteigerung miteinbeziehe 1 2 3 4 5 6 7

3. Ich versuche, Teamgeist zu erzeugen, indem ich die Leute dazu ermutige, zusammenzuarbeiten und einander bei ähnlich gelagerten Aktivitäten zu unterstützen 1 2 3 4 5 6 7

4. Ich spreche mit anderen offen und ehrlich und fördere im Gegenzug dieselbe Art von Kommunikation 1 2 3 4 5 6 7

5. Ich halte Vereinbarungen mit meinen Leuten ein, weil ihr Vertrauen wesentlich für meine Führungsarbeit ist 1 2 3 4 5 6 7

6. Ich helfe den Teammitgliedern, einander kennenzulernen, damit sie sich schätzen und respektieren sowie den individuellen Talenten und Fähigkeiten vertrauen 1 2 3 4 5 6 7

1 = nie, 4 = manchmal, 7 = immer

7. Ich sorge dafür, daß die Mitarbeiter die Schulungen erhalten, die sie brauchen, um ihre Arbeit machen und ihre Kenntnisse in die Praxis umsetzen zu können **1 2 3 4 5 6 7**

8. Ich weiß, daß Konflikte in Gruppen etwas Normales sind, aber ich versuche, sie rasch und fair zu lösen, bevor sie destruktiv werden **1 2 3 4 5 6 7**

9. Ich bin davon überzeugt, daß Leute zu einem Team zusammenwachsen, wenn sie wissen, was von ihnen erwartet wird und welche Vorteile sich aus dieser Art der Zusammenarbeit ergeben ... **1 2 3 4 5 6 7**

10. Ich bin bereit, Mitarbeiter auszutauschen, die auch nach einer geeigneten Unterweisung vernünftige Anforderungen nicht erfüllen können oder wollen **1 2 3 4 5 6 7**

Gesamtpunkteanzahl: _____

Auswertung:

Eine Punktezahl zwischen 60 und 70 weist darauf hin, daß Sie eine positive Einstellung zu Menschen haben. Diese Art der Einstellung ist für Aufbau und Aufrechterhaltung eines starken Teams nötig. Eine Punktezahl zwischen 40 und 59 ist akzeptabel. Wenn Sie sich bemühen, wird es Ihnen gelingen, ein Team aufzubauen. Wenn Ihre Punktezahl unter 40 liegt, sollten Sie Ihre Einstellung im Lichte der derzeit aktuellen Managementphilosophie überprüfen.

**➜ Nähern Sie sich Ihren Mitmenschen mit Respekt – und Aufgaben-
stellungen mit der Einstellung »Das schaffe ich«!**

Fallstudien können Ihnen zu Einsichten verhelfen, über die Sie derzeit vielleicht noch nicht verfügen. In diesem Buch werden vier Fallstudien präsentiert. Bitte lesen Sie sie aufmerksam.

Der erste Fall (auf der gegenüberliegenden Seite) hilft Ihnen zu verstehen, wie wichtig es ist, die Konzepte des Teamaufbaus zu erlernen und in die Praxis umzusetzen.

Fall 1 – Ist diese Chefin noch zu retten?

Marie-Luise ist seit etwa drei Monaten Chefin von fünf Mitarbeitern. Das ist ihre erste Führungsposition, und sie hat dafür kaum eine spezifische Ausbildung erhalten.

Obwohl alle Mitarbeiter andere Aufgaben haben, für die unterschiedliche Normen gelten, stehen die einzelnen Aufgaben miteinander in Zusammenhang, und der Erfolg der Einheit hängt von guter Zusammenarbeit ab. Marie-Luise hat hart gearbeitet, um Aufgaben zu verteilen, Fristen zu setzen und Probleme zu lösen und so die angepeilten Ziele zu erreichen. Die mangelhafte Qualifikation zweier Mitarbeiter und das dauernde Hickhack innerhalb der Gruppe haben jedoch zu Verzögerungen und persönlicher Frustration bei allen Beteiligten geführt. Marie-Luise würde gern mehr Zeit für ihre Mitarbeiter aufwenden, aber Papierkram und Berichterstattung scheinen den Löwenanteil ihrer Zeit zu verschlingen. Sie bleibt in letzter Zeit auch immer öfter in ihrem Büro, weil ihr die feindselige Stimmung unter den Mitarbeitern unangenehm ist. Die Produktivität der Gruppe ist auf ein Niveau gefallen, das unter allen Erwartungen liegt, und Marie-Luise fürchtet zunehmend, daß sie gefeuert werden könnte.

Was könnte Marie-Luise tun, um ihren Job zu retten und die fallende Leistungstendenz der Einheit umzukehren?

Vergleichen Sie Ihre Antwort mit den Kommentaren des Autors auf Seite 82/83.

Der Aufbau eines Teams läßt sich mit Fußball vergleichen

■ Ein geschickter Trainer muß sich an der Auswahl der Spieler beteiligen, die Arbeit des Teams koordinieren und das Spiel überwachen.

■ Die Spieler müssen wissen, was sie zu tun haben, die Fähigkeiten besitzen, die sie brauchen, um ihre Arbeit gut machen zu können, und sie müssen sich verpflichtet fühlen, einen Beitrag zum Erfolg des Teams zu leisten.

■ Um die Gegner schlagen zu können, ist ein Spielplan erforderlich.

■ Die Spieler und der Trainer müssen miteinander kommunizieren, sich gegenseitig vertrauen und unterstützen sowie Meinungsverschiedenheiten konstruktiv beilegen.

■ Jeder Spieler muß Selbstkontrolle ausüben; wo dies nicht der Fall ist, muß der Manager die Kontrollfunktion übernehmen.

■ Es muß ein Belohnungssystem geben, das sowohl den Erfordernissen des Teams als auch den persönlichen Bedürfnissen der einzelnen Spieler gerecht wird.

Teil 2:
Wie Sie Ihr Ziel erreichen

Entwickeln Sie Eigeninitiative

Wenn Sie warten, bis jemand aus dem höheren Management Ihnen den Auftrag erteilt, ein Team zu bilden, könnten Sie den Erfolg Ihrer Einheit und auch Ihren eigenen leichtfertig einschränken. Ein denkender, initiativer Manager wartet nicht auf Anweisungen von oben. Er wird vielmehr sofort umfassende Anstrengungen unternehmen, solide Managementfähigkeiten zu entwickeln. Auf den nächsten Seiten finden Sie Tips, die Ihnen helfen sollen zu bestimmen, wieviel Arbeit Sie investieren müssen, um zu einem effektiven Teamleader zu werden.

Lernen Sie effektiv zu planen

Ein Team muß den Grund für seine Existenz kennen; es muß wissen, was es erreichen soll und welche Personen beteiligt sind. Wenn bereits diese grundlegenden Dinge unklar sind, ist Frustration das unvermeidliche Ergebnis. Die Mitglieder erwarten, daß der Teamleader weiß, welche Richtung eingeschlagen werden soll und wie er die Arbeit mit anderen Gruppen zu koordinieren gedenkt, um die angepeilten Ziele zu erreichen. Dazu ist eine effektive Planung erforderlich.

Planung ist der Denkprozeß, welcher der Arbeit vorausgeht. Wenn die Planung fehlt, bedeutet dies im allgemeinen eine Verschwendung von Zeit und Mühe. Eine effektive Planung umfaßt die nachstehend angeführten Elemente. Markieren Sie mit einem ✗, wie effektiv Sie in den einzelnen Bereichen sind.

✗ G = Das kann ich gut, V = Das sollte ich verbessern   G   V

1. Ziele interpretieren, die als Resultate der auf höheren Ebenen erfolgten Planung weitergegeben werden .... ☐ ☐

2. Erfordernisse der Organisation (einschließlich jener des Teams) zu Teamvisionen und Zielsetzungen umformulieren .... ☐ ☐

3. Implementierungspläne formulieren, indem Alternativen überprüft und Aktivitäten ausgewählt werden, die zu positiven Ergebnissen führen .... ☐ ☐

4. Ressourcen identifizieren, die zur Erreichung der Ziele nötig sind (Menschen, Zeit, Geld, Material und Einrichtungen), und sicherstellen, daß diese verfügbar sind .... ☐ ☐

5. Zeitpläne erstellen und Fertigstellungstermine festsetzen ...... ☐ ☐

6. Leistungsstandards definieren und festlegen, wie Ergebnisse gemessen werden sollen .... ☐ ☐

Die Mitarbeiter können wertvolle Beiträge zur Planung leisten, sobald sie sich der Vorgangsweise einmal verpflichtet fühlen. Wenn Sie die Planung gut koordinieren, werden Sie als Teamleader viel an Effektivität gewinnen.

➔ **Falls Sie Verbesserungen vornehmen müssen – TUN SIE ES JETZT.**

Stärken Sie Ihre organisatorischen Fähigkeiten

Eine Führungskraft muß gut organisiert und fähig sein, dem Team dabei zu helfen, sich selbst zu organisieren, um die festgesetzten Ziele zu erreichen.

Eine der Stärken einer guten Führungskraft liegt in der Fähigkeit, eine Vision von der Zukunft der Organisation zu besitzen, die sich in wichtigen Aspekten positiv gegen die aktuellen Verhältnisse abhebt.

Diese Vision muß dann auf eine Weise mitgeteilt werden, die es den Mitarbeitern ermöglicht, ihre Ressourcen so zu organisieren, daß sie die gewünschten Ergebnisse erreichen.

Sobald der Planungsprozeß einmal im Gange ist, steigt der Stellenwert einer guten Organisation. Ressourcen – Menschen, Kapital, Rohstoffe und Technologie – müssen in effektiver Weise koordiniert werden, um die Ziele des Teams zu erreichen.

Die Mitglieder des Teams blicken auf den Teamleader, wenn es um Zielrichtung und Ressourcenallokation geht. Wenn die Organisation mangelhaft ist, führt dies zu Verwirrung, Entmutigung, Streit, mangelnder Kooperation und Defensivität in der Gruppe. Dadurch wird Teamarbeit unmöglich gemacht.

Einige Schlüsselaspekte einer guten Organisation sind nachstehend angeführt. Bewerten Sie Ihr Abschneiden in den einzelnen Aspekten, indem Sie das entsprechende Kästchen mit einem 7 versehen.

☒ G = Das kann ich gut, V = Das sollte ich verbessern   G   V

1. Ich kann die Arbeit in logische Aufgaben und Bereiche unterteilen .... ☐ ☐

2. Ich kann die Ressourcen sicherstellen, die für die Erreichung der Ziele erforderlich sind .... ☐ ☐

3. Es ist mir angenehm, den Teammitgliedern auf der Grundlage ihrer Funktionen und Fähigkeiten Aufgaben, Ressourcen und Verantwortung zuzuweisen .... ☐ ☐

4. Ich kann Richtlinien erstellen, um die Aktivitäten der einzelnen Teammitglieder untereinander sowie mit jenen anderer Gruppen, die mit den Ergebnissen dieser Aktivitäten befaßt sind, zu koordinieren .... ☐ ☐

5. Ich habe es mir zur Gewohnheit gemacht, Informationssysteme zu entwickeln, die für geeignetes Feedback im Zuge des Fortschreitens der Arbeit sorgen .... ☐ ☐

6. Ich kann Kommunikationsnetze einrichten, um sicherzustellen, daß es einen freien Informationsfluß entlang der und quer durch die Organisationslinien gibt .... ☐ ☐

Die Mitarbeiter können bedingt durch ihr Wissen und ihre Erfahrung wichtige Beiträge zum Organisationsprozeß leisten. Eine Miteinbeziehung der Mitarbeiter kann Arbeit und Effizienz des Teams verbessern. Je besser Ihre organisatorischen Fähigkeiten, desto stärker sollte Ihre Position als Führungspersönlichkeit sein.

➜ **Falls Sie Verbesserungen vornehmen müssen – TUN SIE ES JETZT.**

Bemühen Sie sich, die Menschen und ihre Bedürfnisse zu verstehen

Wenn Sie sich eine starke Führungsposition aufbauen wollen, müssen Sie wissen, was die Menschen motiviert und was sie bewegt. Wer das verstanden hat, kann ein Arbeitsklima schaffen, in dem die Teammitglieder ihre individuellen Bedürfnisse befriedigen und gleichzeitig zur Erreichung der Teamziele beitragen.

Es kostet Zeit und Mühe, sich ein Bild davon zu verschaffen, wodurch die einzelnen Mitarbeiter motiviert werden, aber die Ergebnisse rechtfertigen den Aufwand. Wenn Sie den Fragebogen auf der nächsten Seite ausfüllen, erfahren Sie, inwieweit Sie ein Klima zu schaffen imstande sind, das Ihre Mitarbeiter zum Erfolg motiviert.

Schaffen Sie ein motivierendes Klima

Die Leute arbeiten aus verschiedenen Gründen. Was für einen Menschen wichtig ist, ist für einen anderen möglicherweise kaum von Bedeutung. Motivation ist etwas Persönliches, und die Vorgesetzten müssen ihre Mitarbeiter genau kennenlernen, um zu erfahren, wodurch sie motiviert werden. Manche Menschen arbeiten, um überleben zu können, während andere nach Sicherheit streben. Manche arbeiten, um ihr Ego zu befriedigen, oder aus noch tieferen Gründen.

Ein Vorgesetzter muß gegenüber den Bedürfnissen seiner Mitarbeiter sensibel sein und Wege suchen, um diese zu berücksichtigen, ohne die Ziele der Organisation aus den Augen zu verlieren. Es gibt keine allgemeingültige Technik. Wenn jedoch folgende Elemente kombiniert werden, ist sowohl für Einzelpersonen als auch für Teams der Erfolg möglich. Kreuzen Sie im untenstehenden Fragebogen an, was für Sie zutrifft:

☒ G = Das mache ich gut, V = Das sollte ich verbessern   G   V

Normalerweise ...

1. ... achte ich darauf, daß jeder Mitarbeiter weiß, was von ihm erwartet wird und wie die Leistung gemessen wird .... ☐ ☐

2. ... versuche ich, meine Mitarbeiter auf einer persönlichen Ebene kennenzulernen, um ihre Bedürfnisse besser einschätzen zu können .... ☐ ☐

3. ... biete ich jedem Mitarbeiter die für ihn nötigen Schulungen und Hilfestellungen an, um die gemeinsam festgelegten Ziele zu erreichen .... ☐ ☐

4. ... stelle ich die für die Arbeit nötigen Ressourcen zur Verfügung .... ☐ ☐

5. ... überwache und fördere ich die persönliche Entwicklung einzelner Mitarbeiter .... ☐ ☐

6. ... anerkenne bzw. belohne ich gute und korrigiere schlechte Leistungen .... ☐ ☐

Gute Führungskräfte wissen, wie man ein motivierendes Klima schafft.

➔ Falls Sie Verbesserungen vornehmen müssen – TUN SIE ES JETZT.

Kontrolle ist wesentlich
für das Erreichen von Zielen

Ein Vorgesetzter muß, so wie ein Teamkapitän im Fußball, den Spielplan im Auge behalten. Im Zuge des Fortschreitens der Aktivitäten kann eine Modifizierung und Anpassung dieses Plans erforderlich werden, um das Team konzentriert und zielbewußt zu halten. Diesen Prozeß nennt man Kontrolle. Stellen Sie mit Hilfe des Tests auf der gegenüberliegenden Seite fest, wie Sie dazu stehen.

Erstellen Sie ein Kontrollsystem, das die Erreichung der Ziele gewährleistet

Sobald ein Projekt in Angriff genommen wurde, muß ein Kontrollsystem eingerichtet werden, um sicherzustellen, daß die Fortschritte planmäßig verlaufen und das endgültige Ziel erreicht wird. Die Kontrollen sollten im Zuge des Planungsprozesses festgelegt werden und so einfach wie möglich gestaltet sein.

Sobald ein Kontrollsystem eingerichtet ist, können Teamleader und die Mitglieder des Teams die tatsächlichen Ergebnisse mit den Erwartungen vergleichen. Aufgrund der kontinuierlich erzielten Ergebnisse kann es nötig werden, das Ziel zu revidieren, den Plan zu modifizieren, Umstrukturierungen vorzunehmen, einige Schritte zur Verbesserung der Motivation zu ergreifen oder andere geeignete Maßnahmen zu setzen. Einige wichtige Aspekte der Kontrollfunktion sind nachstehend angeführt. Markieren Sie mit einem **X**, wie gut Sie in den einzelnen Bereichen abschneiden.

X G = Das mache ich gut, V = Das sollte ich verbessern   G   V

1. Ich lege Kontrollelemente als Teil des Projektplans fest .... ☐ ☐

2. Ich erstelle Zeitpläne und Kontrollpunkte zur Messung der Fortschritte .... ☐ ☐

3. Ich ermutige die Teammitglieder während des gesamten Projekts zu Feedback .... ☐ ☐

4. Probleme oder Abweichungen von Plänen bewerte ich und arbeite dann einen neuen, zeitgerechten und angemessenen Aktionsplan aus .... ☐ ☐

5. Zielsetzungen, Pläne, Ressourcen oder Motivationsfaktoren passe ich den Erfordernissen an, um die Organisationsziele zu erreichen .... ☐ ☐

6. Personen, die informiert werden müssen, gebe ich die Mitteilungen über Fortschritte und Planänderungen bekannt .... ☐ ☐

In einer Teamsituation sollten die Mitarbeiter bedingt durch ihre starke Einbindung einen Großteil der Kontrollfunktionen selbst wahrnehmen.

→ Falls Sie Verbesserungen vornehmen müssen – TUN SIE ES JETZT.

Bei der Fallstudie auf der nächsten Seite haben Sie Gelegenheit, das Gelernte anzuwenden.

Fall 2 – Welchem Vorgesetzten würden Sie den Vorzug geben?

Christina und Michael sind soeben in ihre erste leitende Position aufgestiegen. Beide konnten vor der Beförderung beträchtliche Erfahrung als Mikrotechniker sammeln. Eines Tages während der Mittagspause schmieden Christina und Michael gemeinsame Pläne für ihren Wechsel vom Fach- in den Managementbereich.

Christina erklärt, daß sie sich auf die Definition der Arbeit konzentrieren will, die zu erledigen ist, und ihren Mitarbeitern dann präzise Ziele und Standards vorgeben möchte. Aufgrund ihrer Erfahrung und ihres Wissens ist es ihr auch möglich, für jeden Mitarbeiter einen detaillierten Leistungsplan zu erstellen. Ihrer Meinung nach stellt dieser Ansatz sicher, daß die Ziele erreicht werden, während er ihr gleichzeitig jenes Maß an Kontrolle bietet, das sie braucht, um ihre Arbeit zu erledigen.

Michael hält dagegen, daß er sich bereits die Genehmigung seines Vorgesetzten für die Teilnahme an einem Führungskräftekurs geholt hat, damit er sichergehen kann, zu verstehen, worum es beim Managementprozeß geht. In der Zwischenzeit will Michael seine Gruppe jedoch in die tägliche Planungs-, Organisations- und Problemlösungsprozesse einbeziehen. Michael hat Vertrauen in seine Fähigkeiten, ist aber auch der Meinung, daß alle Mitglieder seiner Gruppe kompetent sind und wichtige Beiträge zur Effektivität der Gruppe leisten können. Er ist auch davon überzeugt, daß die Leute die Befriedigung brauchen, die sich aus der aktiven Beteiligung an einem Projekt ergibt.

Für welchen dieser Vorgesetzten würden Sie lieber arbeiten?

Vergleichen Sie Ihre Antworten mit den Kommentaren des Autors auf Seite 82/83.

Sie befinden sich dann auf dem richtigen Weg, wenn Sie über qualifizierte und gut ausgebildete Mitarbeiter verfügen, die sich auf Ziele der Organisation konzentrieren und sich für deren Erreichung engagieren.

Wählen Sie qualifizierte Mitarbeiter*

Die Humanressourcen sind der wichtigste Erfolgsfaktor für jede Organisation. Gute Mitarbeiter leisten ihren Beitrag zu Rentabilität, Produktivität, Wachstum und langfristigem Weiterbestehen. Sie können ohne qualifizierte Leute einfach nicht überleben. Als Teamleader müssen Sie dafür sorgen, daß diese Leute lernen zusammenzuarbeiten. Es folgen einige entscheidende Elemente der Auswahl und Plazierung von Mitarbeitern. Stellen Sie fest, wie gut Sie abschneiden, indem Sie die entsprechenden Kästchen mit einem ✗ markieren.

✗ G = Das mache ich gut, V = Das sollte ich verbessern G V

1. Ich analysiere das Anforderungsprofil des zu besetzenden Jobs genau, bevor ich mit der Kandidatensuche beginne .... ☐ ☐

2. Ich versuche immer die objektiven Fähigkeiten eines Bewerbers zu beurteilen, seine Kenntnisse, Erfolge und Mißerfolge der Vergangenheit, seine Verläßlichkeit und auch seine Einstellung zu Arbeit, Kollegen, Vorgesetzten und Kunden .... ☐ ☐

3. Ich erkläre den Bewerbern meine Vorstellung von Teamarbeit und bitte sie zu beschreiben, wie sie in einem Team arbeiten würden .... ☐ ☐

4. Ich achte darauf, daß alle Bewerber wissen, worum es bei diesem Job geht und welche Leistungsstandards erwartet werden ☐ ☐

5. Ich beurteile die Fakten sorgfältig und vermeide voreilige Schlußfolgerungen oder Verallgemeinerungen während des Auswahlprozesses .... ☐ ☐

6. Die von mir eingestellten Leute werden in Positionen eingesetzt, die ein gutes Erfolgspotential bieten .... ☐ ☐

---

* Ein ausgezeichnetes Buch über Einstellungsgespräche ist »Professionelle Bewerberauslese« vom selben Autor.

→ Achtung: Wenn die Leute, die Sie für Ihr Team aussuchen, keinen Erfolg haben, wird auch Ihnen der Erfolg versagt bleiben.

→ Wenn Sie Ihre Auswahl- und Plazierungspraktiken verbessern müssen – TUN SIE ES JETZT.

Gut ausgebildete Mitarbeiter sind effektivere Teammitglieder

Gut ausgebildete Mitarbeiter leisten einen wichtigen Beitrag zum Erfolg des gesamten Teams. Sie verstehen, weshalb es wichtig ist, andere Teammitglieder zu unterstützen.

Es gibt Ressourcen, die oft nur den Vorgesetzten zugänglich sind; dazu zählen Kenntnisse, die die Erfordernisse der Organisation oder Kontrolle der arbeitsbezogenen Aufgaben und Aufträge betreffen.

Jeder Manager, der an einer Verbesserung der Teamleistung interessiert ist, wird sicherstellen, daß die Ausbildung jedes einzelnen Teammitglieds angemessen ist.

Die Vorschläge auf der nächsten Seite werden Ihnen dabei helfen, Ihre gegenwärtige Einstellung zu bewerten und an Fragen der Ausbildung und des Trainings richtig heranzugehen.

Sorgen Sie für die Nützlichkeit von Schulungen

Sind Sie ein erfolgreicher Trainer? Ihre Einstellung, Ihr Wissen und Ihr Ansatz werden darüber entscheiden, was gelernt wird und wie effektiv es angewandt wird. Es folgen einige Vorschläge, wie Sie das Training aller Betroffenen optimieren können.

Machen Sie ein **X** in die betreffende Rubrik, je nachdem, ob Sie bereits durchführen, was vorgeschlagen wird, oder Sie planen, die betreffende Maßnahme in Zukunft zu implementieren.

X J = ja, N = nein   J   N

Normalerweise ...

1. ... vergleiche ich in periodischen Abständen mit jedem Mitarbeiter seine Leistungen mit den Anforderungen; so können wir gemeinsam feststellen, welche Art von Training einer Verbesserung der Ergebnisse förderlich sein könnte .... ☐ ☐

2. ... höre ich mir die Bildungswünsche des Mitarbeiters an und genehmige sie, wenn dies angemessen ist .... ☐ ☐

3. ... spreche ich im vorhinein mit Mitarbeitern, die für Trainingskurse ausgewählt werden, um ihnen klarzumachen, wie wichtig das Training für ihre Arbeit ist .... ☐ ☐

4. ... lasse ich jemand anders die Arbeit eines auf Schulung befindlichen Mitarbeiters erledigen, so daß dieser sich auf die Lehrinhalte konzentrieren kann .... ☐ ☐

5. ... helfe ich Mitarbeitern dabei, einen Aktionsplan zur Anwendung und Umsetzung des Gelernten bei ihrer Arbeit zu erstellen .... ☐ ☐

☒ J = ja, N = nein   J   N

Normalerweise ...

6. ... bitte ich den Mitarbeiter um eine Bewertung des Schulungsprogramms und frage ihn, ob er es auch für andere Teammitglieder empfehlen würde .... ☐ ☐ ——

7. ... übertrage ich Mitarbeitern Arbeiten, die es ihnen erlauben, neue Techniken und Methoden anzuwenden, die sie während der Schulung gelernt haben .... ☐ ☐

8. ... lobe ich Mitarbeiter, wenn sie ihre neuerworbenen Fähigkeiten anwenden .... ☐ ☐

Ihr Managementstil kann dazu beitragen, die Arbeit der Mitarbeiter so zu fokussieren, daß die Ziele der Organisation erreicht werden.

Auf der nächsten Seite werden drei verschiedene Managementansätze beschrieben. Welcher trifft für Sie am ehesten zu?

Teil 3:
Der Managementstil beeinflußt Konzentration und Engagement der Mitarbeiter

»Ich weiß es am besten.«

Wer so denkt, ist der Meinung, daß die Arbeit erledigt wird, indem man diejenigen kontrolliert, die sie ausführen. Den Mitarbeitern wird gesagt, was wie zu tun ist und wann sie aufhören sollen. Dann wird ihnen gesagt, was sie richtig und was sie falsch gemacht haben, wo ihre Schwächen und wo ihre Stärken liegen. Der Vorgesetzte hält diese Vorgangsweise aufgrund seines überlegenen Wissens und seiner Fähigkeiten für gerechtfertigt. Wer diese Einstellung hat, ist nicht offen für neue Ideen, fordert seine Mitarbeiter nicht und schafft kein kooperatives, positives Klima. Die Kommunikation fließt hier nur in eine Richtung ....

»Ich setze die Ziele fest, Sie sorgen dafür, daß sie erreicht werden.«

Leute mit dieser Einstellung sind davon überzeugt, aufgrund ihres überlegenen Wissens, ihrer Fähigkeiten oder Erfahrungen anderen Ziele vorgeben zu können. Die Mitarbeiter erhalten Gelegenheit, über mögliche Wege zur Erreichung dieser Ziele zu diskutieren, haben aber auf die eigentlichen Leistungsziele keinerlei Einfluß. In einer solchen Situation ist es schwierig, die Mitarbeiter zu Engagement zu motivieren, weil sie nicht das Gefühl haben, ihre Arbeit zu »besitzen« ....

»Sehen wir uns gemeinsam an, was zu tun ist, stellen wir realistische Ziele auf, und bewerten wir die Leistungen auf dieser Grundlage.«

Führungspersonen mit dieser Einstellung legen Wert auf Leistung, nicht auf autoritäre Kontrolle. Hier geht es in erster Linie darum, den Mitarbeitern die Bedürfnisse der Organisation zu vermitteln und sie dann dazu einzuladen, eigene Ideen beizusteuern. Die Führungsperson hat eher Ressourcen- und Katalysatorfunktion, als daß sie als Richter auftritt. Die Kommunikation ist offen und fließt in beide Richtungen. Der Wert gegenseitiger Unterstützung wird erkannt, und sie wird auch in die Tat umgesetzt ....

Haben Sie diejenige Einstellung gekennzeichnet, die für Sie am ehesten zutrifft?

Wie begabt und engagiert Vorgesetzte auch sein mögen, sie können nicht alles allein machen. Ihr Erfolg bemißt sich an ihrer Fähigkeit, intelligent zu delegieren und die Mitarbeiter so zu motivieren, daß sie die Ziele der Organisation erreichen. Das höchste Leistungsniveau wird dann erreicht, wenn sich ein Team zu seiner Aufgabe bekennt und die Begabungen der einzelnen Teammitglieder voll zum Tragen kommen.

➔ Engagieren Sie sich für das Engagement

Machen Sie Engagement möglich

Engagement läßt sich nicht erzwingen. Es entsteht von selbst und entwickelt sich im allgemeinen durch das Gefühl des Eingebundenseins. Die Leute bekennen sich stärker zu einem Team, wenn sie die Gelegenheit erhalten, zu seinem Erfolg beizutragen. Wer sich einmal aktiv an der Festlegung von Zielen und der Lösung von Problemen beteiligt hat, entwickelt ein Gefühl der Verantwortung. Ähnlich wie Unternehmensziele, können Teamziele aktiv verfolgt werden. Die Mitarbeiter haben das Gefühl, wichtig zu sein (und gebraucht zu werden), wenn sie sich für die Ergebnisse verantwortlich fühlen. Zu diesem Zeitpunkt entsteht auch aufrichtige Anteilnahme an der Arbeit der anderen Teammitglieder. Gruppenprobleme werden zu individuellen Problemen, und Teamziele verwandeln sich in individuelle Ziele. Die Mitglieder tragen ihr Bestes zur Problemlösung bei, weil sie ein persönliches Interesse daran haben.

Wenn die Mitglieder sich an der Erstellung der vom Team verwendeten Systeme und Methoden beteiligen, lernen sie zu verstehen, warum Kontrollen wichtig sind, und bekennen sich zu ihnen. Dies gilt vor allem dann, wenn sie wissen, daß es im Bedarfsfall möglich ist, diese Kontrollen zu revidieren oder zu verbessern.

Engagement trägt auch dazu bei, daß die Teammitglieder dem Bedürfnis ihrer Kollegen nach Gemeinschaftsgefühl entgegenkommen. Es schafft einen Rahmen, innerhalb dessen alle Mitglieder die Bedürfnisse der anderen zu erkennen, zu verstehen und zu unterstützen lernen.

Der Vorgesetzte kontrolliert, in welchem Maß die Mitarbeiter eingebunden werden. Schaffen Sie Gelegenheiten zur aktiven Beteiligung, und Sie werden zusehen können, wie das Engagement wächst.

Binden Sie die Teammitglieder individuell und gemeinsam in die Festlegung von Zielen und Normen ein

Ein **Ziel** ist eine Definition der zu erreichenden Ergebnisse. Ziele beschreiben

- die Bedingungen, die zum Zeitpunkt des Erreichens des gewünschten Ergebnisses herrschen werden,

- einen Zeitrahmen, in dem das Ergebnis erzielt werden soll, und

- die Ressourcen, welche die Organisation zur Erreichung des gewünschten Ergebnisses einzusetzen bereit ist.

Eine Norm bezieht sich auf dauerhafte Leistungskriterien, die immer wieder erfüllt werden müssen. Normen werden normalerweise quantitativ ausgedrückt und beziehen sich auf Dinge wie Anwesenheit, Ausschußanteil, Fertigungstoleranzen, Produktionszahlen und Sicherheitsstandards.

Ziele und Normen sollten anspruchsvoll, aber realistisch sein. Sie sollten unter Mitarbeit jener Personen erstellt werden, die für ihre Einhaltung und Erreichung zuständig sind. Schließlich sollten ausgewählte, geschulte Mitarbeiter eher als andere wissen, was erreichbar ist und was nicht.

Auf den nächsten Seiten finden Sie einige »Wie«-Tips.

Beziehen Sie das Team in die Festlegung von Zielen und Normen ein

Als nächstes wollen wir eine Methode beschreiben, wie Teammitglieder zur Festlegung von Zielen und Normen sowie zur Erstellung der für ihre Erreichung erforderlichen Aktionspläne beitragen können. Wie andere wichtige Fähigkeiten kann auch das Festlegen von Zielen Übung erfordern.

Die Rolle des Teammitglieds und die des Teamleaders werden nachstehend beschrieben. Kreuzen Sie jene Aussagen an, denen Sie zustimmen und die Sie vielleicht ausprobieren möchten.

■ **Teammitglied**

□ ... Trägt zur Festsetzung von Leistungszielen und Normen bei. Dabei handelt es sich um einen »Leistungsvertrag mit sich selbst« und um die Verpflichtung, ein Ergebnis für das Team zu erzielen.

□ ... Entwickelt Methoden für die Messung der Ergebnisse und setzt Kontrollpunkte fest.

□ ... Gibt an, welche Vorgangsweisen für die Erreichung der Ziele und Einhaltung der Normen erforderlich sind.

□ ... Führt an, inwieweit Beteiligung von Kollegen oder Angehörigen anderer Einheiten der Organisation erforderlich ist.

■ **Teamleader**

□ ... Sorgt dafür, daß Teamziele realistisch, aber anspruchsvoll genug sind, um den Erfordernissen der Organisation gerecht zu werden und den Teammitgliedern das Gefühl zu geben, etwas zu leisten.

□ ... Trägt dazu bei, die Komplexität der Maßnahmen und Kontrollaktivitäten durch die geschaffenen Werte auszugleichen.

□ ... Beteiligt sich aktiv am Team, um das Bestehen des Aktionsplans im Vergleich mit anderen Alternativen zu überprüfen.

□ ... Ermittelt, welches Maß an Kooperation und Unterstützung erforderlich ist, und hilft dies im Bedarfsfall sicherzustellen.

Teammitglied	Teamleader
☐ ... Berichtet über Fortschritte, die im Laufe der Arbeit erzielt werden. Sucht im Bedarfsfall Hilfe und Beratung. Paßt Pläne je nach den Erfordernissen an.	☐ ... Verfolgt den Verlauf der Arbeit. Animiert zu Leistungen und hilft bei der Problemlösung, falls erforderlich. Sorgt dafür, daß die Ziele erreicht oder gegebenenfalls modifiziert werden.

Diese Rollenverteilung weist die Verantwortung für die Leistung den geeigneten Teammitgliedern zu und gibt diesen genügend Spielraum, um Ergebnisse zu erzielen. Der Teamführer konzentriert sich darauf, zu fordern, zu prüfen, zu coachen und Dinge zu ermöglichen.

Die Mitarbeiter miteinzubeziehen bedeutet, ihnen die Verantwortung für jene Probleme zu übertragen, für die sie zuständig sind

Viele Vorgesetzte verwenden zu viel Zeit darauf, Probleme zu lösen, die besser in den Händen anderer aufgehoben wären. Wenn sich Vorgesetzte für die Lösung aller Probleme verantwortlich fühlen, hat dies unter anderem zur Folge: die Produktion verlangsamt sich; unter den Mitarbeitern herrscht Frustration; die persönliche Entwicklung wird gehemmt. Letzten Endes hat der Vorgesetzte weniger Zeit für seine Planungs-, Organisations-, Motivations- und Kontrollaufgaben.

Die Effektivität eines Teams steigt, wenn sich der Vorgesetzte einfach an der Problemlösung beteiligt, anstatt sie zu dominieren.

Machen Sie Ihre Mitarbeiter mit Problemlösungstechniken vertraut

Wie man Probleme löst, sollte auf allen Ebenen einer Organisation vermittelt werden. Der Prozeß ist so einfach wie möglich zu halten. Nachstehend finden Sie einen grundlegenden Ansatz zur Problemlösung. Kreuzen Sie jene Schritte an, die in Ihrer Organisation nützlich wären.

Schritt 1 – Treffen Sie eine Aussage, worin das Problem zu liegen scheint

Das echte Problem tritt eventuell erst dann zutage, wenn alle Fakten auf dem Tisch liegen und analysiert wurden. Gehen Sie daher von einer Annahme aus, die zu einem späteren Zeitpunkt bestätigt oder korrigiert werden kann ....

Schritt 2 – Informieren Sie sich über Fakten, Meinungen und Gefühle

Was ist passiert? Wo, wann und wie ist es passiert? Wie umfassend, weitreichend und schwerwiegend war das Ereignis? Wer und was ist davon betroffen? Kann und wird es sich wiederholen? Muß eine korrigierende Maßnahme gesetzt werden? Zeit- und Kostengründe können es erfordern, daß die Problemlöser darüber nachdenken, was getan werden muß, und den wichtigeren Elementen Prioritätsstellung einräumen ....

Schritt 3 – Formulieren Sie das Problem nochmals

Dies ist aufgrund der Fakten möglich, und Sie erhalten in diesem Prozeß unterstützende Daten. Das neu formulierte Problem kann mit jenem aus Schritt 1 identisch sein, muß es jedoch nicht ....

Schritt 4 – Identifizieren Sie Lösungsalternativen

Suchen Sie nach neuen Ideen. Eliminieren Sie mögliche Lösungen erst dann, wenn Sie mehrere unter die Lupe genommen haben .... □

Schritt 5 – Bewerten Sie die Alternativen

Was ist die beste Lösung? Worin bestehen die Risiken? Halten sich die Kosten mit den Nutzen die Waage? Wird die Lösung neue Probleme nach sich ziehen? .... □

Schritt 6 – Implementieren Sie die Entscheidung

Wer muß daran beteiligt sein? In welchem Maß? Wie, wann und wo? Auf wen wird die Entscheidung Auswirkungen haben? Wie werden die Ergebnisse festgehalten und überprüft? ...... □

Schritt 7 – Bewerten Sie die Ergebnisse

Überprüfen Sie die Lösung anhand der gewünschten Ergebnisse. Modifizieren Sie die Lösung, wenn die Resultate nicht ausreichend sind .... □

Arbeiten Sie mit Gruppen-Problemlösungstechniken, wenn verschiedene Inputs nötig sind

Wenn ein Fußballspieler ein Tief hat oder zu viele Fehler macht, hilft es ihm oft, bei anderen Profis Rat zu suchen. Die Hilfe kann vom Spieler angefordert und von einem Teamkollegen oder vom Teamkapitän realisiert werden. Ähnliche Situationen treten auch in anderen Organisationen auf. Wenn das der Fall ist, kann Gruppeninteraktion eine Lösung sein. Das Ausmaß des erzielten Erfolgs ist von der Effektivität der angewandten Vorgangsweise abhängig.

Auf der nächsten Seite folgen einige Bedingungen, die einer effektiven Problemlösung innerhalb von Teams förderlich sind.

Bedingungen, die zu einer effektiven Problemlösung innerhalb von Teams beitragen

Ein Team, das sich mit Problemlösungstechniken befaßt, kann seine Ergebnisse mit Hilfe eines geeigneten Gruppenprozesses verbessern. Die Teammitglieder verpflichten sich dazu, beim Suchen der bestmöglichen Lösung eines Problems zu helfen, anstatt nur auf ihre eigene individuelle Sichtweise zu bestehen. Der Teamleader beteiligt sich als einfaches Teammitglied an der Arbeit und hält sich an dieselben Regeln. Offene Kommunikation wird erwartet, und die Teammitglieder werden dazu ermutigt, Behauptungen in Frage zu stellen, um deren Problemlösungsfähigkeit zu überprüfen. Eine Lösung, die von einer Gruppe gefunden wurde, kann oft viel effektiver sein als Lösungen von Einzelpersonen.

Folgende Bedingungen wirken sich günstig auf die Problemlösungsfähigkeiten eines Teams aus. Markieren Sie die Bedingungen mit einem **✗**, je nachdem, ob sie in Ihrem Team bereits bestehen oder ob sie noch fehlen.

✗ G = Bereits verwirklicht (Gegenwart),
Z = Noch zu verwirklichen (Zukunft)

                                          G   Z

1. Die Teammitglieder sind jederzeit bereit, über ihre Erfahrungen zu sprechen und den Beiträgen anderer *zuzuhören* .... ☐ ☐

2. Konflikte, die sich aus verschiedenen Standpunkten ergeben, werden als hilfreich empfunden und vom Team in konstruktiver Weise gelöst .... ☐ ☐

3. Die Teammitglieder stellen Behauptungen in Frage, die ihrer Meinung nach nicht logisch sind oder von Fakten erhärtet werden .... ☐ ☐

4. Nur um des Friedens oder der Harmonie willen werden schlechte Lösungen nicht unterstützt .... ☐ ☐

5. Meinungsverschiedenheiten werden diskutiert und beigelegt. Beim Treffen von Entscheidungen werden Methoden wie Münzenwerfen, faule Kompromisse, Mehrheitsabstimmungen und ähnliches vermieden .... ☐ ☐

☒ G = Bereits verwirklicht (Gegenwart),
Z = Noch zu verwirklichen (Zukunft)

G   Z

6. Jedes Teammitglied versucht den Problemlösungsprozeß effizienter zu gestalten und achtet darauf, die Diskussion eher zu erleichtern als zu erschweren .... ☐ ☐

7. Die Teammitglieder ermutigen und unterstützen ihre Kollegen, die Hemmungen haben, ihre Vorstellungen zu präsentieren ... ☐ ☐

8. Die Teammitglieder sind sich des Wertes der Zeit bewußt und versuchen, unwesentliche und/oder immer wiederkehrende Diskussionen zu vermeiden .... ☐ ☐

9. Teamentscheidungen werden nicht willkürlich vom Teamleader außer Kraft gesetzt, nur weil er/sie nicht mit ihnen einverstanden ist .... ☐ ☐

10. Das Team weiß, daß der Teamleader die bestmögliche Entscheidung trifft, wenn keine zufriedenstellende Teamlösung gefunden wird .... ☐ ☐

Fall 3 – Die unzufriedenen Mitarbeiter

Johanna und Susanne arbeiten unter ihrer Chefin Jeanette Klüver in der Computerabteilung. Beide sind von ihren Jobs frustriert und beklagen sich untereinander. Johanna ist unzufrieden, weil sie noch nie eine Jobbeschreibung gesehen hat und nicht genau weiß, was von ihr erwartet wird. Als sie Jeanette danach fragte, erhielt sie die Antwort: »Machen Sie sich keine Sorgen. Ich sorge schon dafür, daß Sie etwas zu tun haben.« Johanna erhält immer erst dann eine neue Aufgabe, wenn sie die vorhergehende abgeschlossen hat. Manchmal vergehen mehrere Tage, bis ihr Jeanette ein neues Projekt zuweist. Vor kurzem begann Johanna einer Kollegin zu helfen, weil sie nichts anderes zu tun hatte. Jeanette sagte ihr später: »Machen Sie das nicht noch einmal. Die Aufgabenzuteilung liegt in meiner Kompetenz.« Seitdem wird Johanna von ihren Kollegen kritisiert, weil sie nicht einspringt, wenn »Not an der Frau« ist.

Susanne macht sich im Gegensatz dazu Sorgen über den Arbeitsüberhang, der ihr immer stärker im Nacken sitzt. Das Problem entwickelte sich, weil Projektziele wiederholt geändert wurden, man ihr das aber immer erst zu einem Zeitpunkt mitteilte, als der kritische Punkt der jeweiligen Aufgabe bereits hinter ihr lag. Jeanette besteht darauf, die gesamte Kommunikation mit den mit ihrer Abteilung in Verbindung stehenden Gruppen selbst abzuwickeln. Weil sie so viel zu tun hat, verabsäumt sie es manchmal, wichtige Informationen an Susanne weiterzugeben, und genauso lange dauert es, bis sie Susannes Antworten an die betreffenden Anfragenden weiterleitet.

☒ J = ja, N = nein   J   N

Sind die Beschwerden von Johanna und Susanne gerechtfertigt? .... ☐ ☐

Begründen Sie Ihre Position:

Kommentare des Autors siehe Seite 83/84.

Wenn Sie über qualifizierte, gut ausgebildete Mitarbeiter verfügen und sich auf organisationsrelevante Ziele konzentriert haben, ist schon viel gewonnen, aber Sie haben damit noch nicht das sich selbst steuernde Team geschaffen.

Konzentrieren Sie sich nun darauf, eine Atmosphäre zu schaffen, die offen ist für Kommunikation, Zusammenarbeit und Vertrauen nicht nur innerhalb des Teams, sondern auch zwischen Ihrem Team und anderen Einheiten Ihrer Organisation.

Eine Möglichkeit zur Verwirklichung besteht darin, die Teammitglieder dazu zu bringen, bei Projekten gemeinsamen Interesses zusammenzuarbeiten und Ideen und Vorschläge für Verbesserungen zu erarbeiten.

Teil 4:
Zusammenarbeit als Kraftquelle
beim Aufbau von Teams

Wie gut kommunizieren Sie?

Die Zusammenarbeit hat viele Vorteile, wenn sie sinnvoll eingesetzt wird. Kreuzen Sie in der untenstehenden Liste jene Vorteile an, die Ihnen wichtig sind.

1. Durch Zusammenarbeit wird man sich der gegenseitigen Abhängigkeit bewußt. Wenn die Leute erkennen, welche Vorteile die wechselseitige Unterstützung bringt, und wissen, daß sie erwartet wird, werden sie zur Erreichung gemeinsamer Ziele zusammenarbeiten. Dieser Ansatz hat nichts Bedrohliches an sich .... ☐

2. Wenn Leute zur Erreichung gemeinsamer Ziele zusammenarbeiten, regen sie einander zu höheren Leistungen an. Neue Ideen entstehen und werden auf die Probe gestellt, und die Produktivität des Teams ist größer, als sie dies bei gemeinsamen Bemühungen von Mitarbeitern, die individuell arbeiten, je sein kann .... ☐

3. Zusammenarbeit sorgt für Anerkennung und wechselseitige Unterstützung innerhalb eines Teams. Die Teammitglieder erhalten Gelegenheit, die Auswirkungen ihrer Bemühungen und jener anderer auf die Leistung zu beobachten .... ☐

4. Zusammenarbeit bewirkt Engagement zur Unterstützung und Erreichung organisationsrelevanter Ziele. Die Teammitglieder gewinnen an persönlicher Kraft in Form von Selbstvertrauen, wenn sie wissen, daß andere ihre Ansichten teilen und in Übereinstimmung mit ihnen handeln .... ☐

Vorgesetzte, die die Mitarbeiter zur Zusammenarbeit bewegen können, werden als Führungspersönlichkeiten angesehen. Es gibt verschiedene Methoden, zur Zusammenarbeit zu ermutigen und diese zu unterstützen. Kreuzen Sie jene an, die Sie zu verwenden gedenken.

1. Ich überlege, in welchen Interdependenzbereichen Zusammenarbeit angebracht ist. Die Teammitglieder beziehe ich in die Planungs- und Problemlösungsaktivitäten mit ein, damit sie erkennen können, wo Zusammenarbeit von Vorteil wäre .... ☐

2. Ich sorge dafür, daß die Kommunikation zwischen allen Personen, die an einem Problem, Projekt oder Handlungsablauf beteiligt sind, offen bleibt .... ☐

3. Ich informiere das Team von Anfang an, daß sich die Teamarbeit positiv auf die Anerkennung der einzelnen Teammitglieder auswirken wird .... ☐

Ein Teamleader setzt Kommunikation ein, um für das Wohlergehen der Organisation relevante Informationen zu sammeln, zu verarbeiten und weiterzuleiten. Da die Kommunikation viele Dimensionen hat, müssen Teamleader die Bedürfnisse ihrer Kollegen, Vorgesetzten und Teammitglieder genau berücksichtigen.

Aus dem Diagramm auf der folgenden Seite gehen einige wichtige Kommunikationsbedürfnisse hervor. Wenn diese nicht erfüllt werden, ergeben sich negative Auswirkungen auf die Teamleistungen.

Der Teamleader kann die Kommunikation oft fördern, indem er auf die Informationsbedürfnisse der Organisation reagiert. Es folgen einige typische Beispiele:

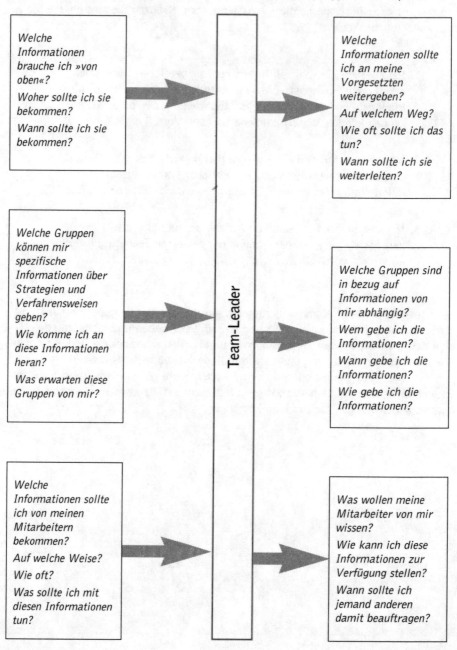

Welche Informationen brauche ich »von oben«?

Woher sollte ich sie bekommen?

Wann sollte ich sie bekommen?

Welche Informationen sollte ich an meine Vorgesetzten weitergeben?

Auf welchem Weg?

Wie oft sollte ich das tun?

Wann sollte ich sie weiterleiten?

Welche Gruppen können mir spezifische Informationen über Strategien und Verfahrensweisen geben?

Wie komme ich an diese Informationen heran?

Was erwarten diese Gruppen von mir?

Team-Leader

Welche Gruppen sind in bezug auf Informationen von mir abhängig?

Wem gebe ich die Informationen?

Wann gebe ich die Informationen?

Wie gebe ich die Informationen?

Welche Informationen sollte ich von meinen Mitarbeitern bekommen?

Auf welche Weise?

Wie oft?

Was sollte ich mit diesen Informationen tun?

Was wollen meine Mitarbeiter von mir wissen?

Wie kann ich diese Informationen zur Verfügung stellen?

Wann sollte ich jemand anderen damit beauftragen?

»Sende-« und Zuhörerqualitäten sind wichtig für gute Kommunikation

Forschungsarbeiten haben ergeben, daß die besten Führungspersonen Kommunikationstalente sind. Sie haben gelernt, klare Anweisungen zu geben, auf Fragen und Vorschläge zu reagieren und die betroffenen Parteien immer auf dem laufenden zu halten.

Außerdem haben Forschungsstudien eine positive Korrelation zwischen Kommunikation (Verständnis) und folgenden Merkmalen ergeben:

■ verbesserte Produktivität

■ bessere Problemlösung

■ weniger Ärger

■ Ideen für eine verbesserte Methodik

■ verbesserte Arbeitsbeziehungen

■ größere persönliche Zufriedenheit

Überprüfen Sie Ihre Kommunikationsfähigkeit

Treffen Sie Ihre Wahl: Ergänzen Sie die untenstehenden Aussagen, indem Sie den passenden Satz kennzeichnen:

1. Botschaften werden am ehesten verstanden, wenn ...

   (a) ... die Führungskraft all ihre sprachlichen Fähigkeiten spielen läßt .... ☐

   (b) ... sie so formuliert werden, daß sie der Empfänger versteht .... ☐

2. Komplexe Informationen werden leichter verstanden, wenn man ...

   (a) ... sie mit Hilfe spezifischer Beispiele und Analogien klarer formuliert .... ☐

   (b) ... den Zuhörer bittet, genau achtzugeben .... ☐

3. Schlüsselkonzepte bleiben besser im Gedächtnis haften, wenn die Führungskraft ...

   (a) ... sie durch Wiederholung verstärkt .... ☐

   (b) ... sich klar ausdrückt .... ☐

4. Die Strukturierung einer Botschaft vor deren Absendung ...

   (a) ... braucht oft mehr Zeit, als sie Nutzen bringt .... ☐

   (b) ... macht sie leichter verständlich .... ☐

5. Der Sender einer Botschaft kann feststellen, ob der Empfänger verstanden hat, indem er ...

   (a) ... fragt, ob er verstanden hat .... ☐

   (b) ... den Empfänger bittet zu wiederholen, was er verstanden hat .... ☐

6. Zuhören wird effektiver, wenn man ...

(a) ... sich auf den Sender konzentriert und auf das, was gesagt wird .... ☐

(b) ... antizipiert, was der Sender sagen will .... ☐

7. Verstehen wird leichter, wenn man ...

(a) ... erst dann ein Urteil fällt, wenn der Sender ausgesprochen hat .... ☐

(b) ... annimmt, die Position des Senders zu kennen, und entsprechend urteilt .... ☐

8. Der Zuhörer kann zum Verständnis beitragen, indem er ...

(a) ... von Zeit zu Zeit die Botschaft für den Sender wiederholt ☐

(b) ... unterbricht, um seine Gefühle und Emotionen auszudrücken .... ☐

9. Gute Zuhörer ...

(a) ... haben ihre Reaktion schon parat, wenn der Sender zu sprechen aufhört .... ☐

(b) ... stellen Fragen, wenn sie etwas nicht verstanden haben ☐

10. Sowohl der Sende- als auch der Empfangsvorgang werden verbessert, indem ...

(a) ... die Parteien miteinander in Augenkontakt bleiben ...... ☐

(b) ... die Parteien aus der Defensive agieren und einander angreifen .... ☐

Ermutigen Sie die Teammitglieder, ihre Kommunikationsfähigkeit mit Hilfe dieser Übung zu verbessern. Vergleichen Sie dann die Ergebnisse, und diskutieren Sie über mögliche Verbesserungen. Dies ist ein weiterer gemeinsamer Schritt zum Aufbau eines stärkeren Teams.

Die richtigen Antworten:

1(b); 2(a); 3(a); 4(b); 5(b); 6(a); 7(a); 8(a); 9(b); 10(a)

Konflikte sind in Organisationen unvermeidlich

Wenn im Fußball zwei Stürmer zur selben Zeit mit dem Ball auf das gegnerische Tor zulaufen und jeder ein Tor schießen will, gibt es einen Konflikt. Es ist eine spannende Situation, aber wenn keine rasche Entscheidung gefunden wird, wer schießt, fällt kein Tor, und dann sind sowohl die beiden Spieler als auch ihr Team die Verlierer.

Teamleader müssen die Tatsache akzeptieren, daß jedesmal, wenn zwei oder mehrere Personen in eine aussichtsreiche »Schußposition« kommen, eine potentielle Konfliktsituation entsteht. Wenn ein Konflikt auftritt, können die Resultate positiv oder negativ sein, je nachdem, wie die Betreffenden an die Sache herangehen.

Vor diesem Hintergrund sollten sich Teamleader der Tatsache bewußt sein, daß Konflikte positive Ergebnisse zeitigen können, wenn sie nicht außer Kontrolle geraten. Wenn der Teamleader die Mitglieder seines Teams über Konflikte aufklärt und zu positiven Lösungen anregt, wird er etwas zum Erfolg seines Teams beitragen. Auf den nächsten Seiten finden Sie einige Tips über Konfliktmanagement.

Machen Sie das Verständnis für die Natur von Konflikten zu einem Teamprojekt

Einige Mitglieder der Pfarrgemeinde möchten Kirchengelder zur Unterstützung der örtlichen Armen verwenden. Andere würden die Mittel lieber der Mission zur Verfügung stellen. Wieder andere Mitglieder halten einen neuen Teppichboden für die Sakristei für das dringlichste Anliegen.

Ein Verkaufsleiter wünscht sich große Lagerbestände bei allen Produkten, so daß den Kunden rasche Lieferung garantiert werden kann. Der Produktionsleiter will die Lagerbestände gering halten, um die Lagerkosten zu minimieren.

In beiden Situationen meinen es alle Beteiligten gut und würden bei Befragung sagen, sie versuchten das ihrer Meinung nach beste Ziel zu erreichen. Trotzdem gibt es aufgrund folgender Tatsachen Konflikte:

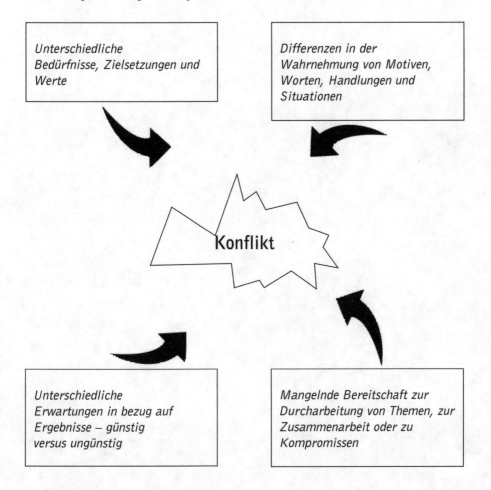

Unterschiedliche Bedürfnisse, Zielsetzungen und Werte

Differenzen in der Wahrnehmung von Motiven, Worten, Handlungen und Situationen

Konflikt

Unterschiedliche Erwartungen in bezug auf Ergebnisse – günstig versus ungünstig

Mangelnde Bereitschaft zur Durcharbeitung von Themen, zur Zusammenarbeit oder zu Kompromissen

Konflikte werden »ungesund«, wenn man mit einer Gewinner/Verlierer-Einstellung an sie herangeht oder sie überhaupt vermeidet. Es entwickeln sich Feindseligkeiten, die Kommunikation bricht zusammen, Vertrauen und gegenseitige Unterstützung bröckeln ab, und Erbitterung macht sich breit. Wenn sich gegnerische Parteien formieren, führt dies zu einer Verringerung oder einem Ausfall der Produktivität. Die Behebung des Schadens ist meist schwierig (und oft unmöglich).

Konflikte sind gesund, wenn sie die Parteien dazu bringen, neue Ideen zu erforschen, ihre Positionen und Überzeugungen auf den Prüfstand zu stellen und ihre Vorstellungskraft zu erweitern. Ein positiver Umgang mit Konflikten kann dazu führen, daß die Kreativität steigt, was wiederum zu einer breiteren Palette an Alternativen und besseren Ergebnissen führt.

Es gibt fünf grundlegende Ansätze zur Konfliktlösung. Sie können wie folgt zusammengefaßt werden. Bezeichnen Sie diejenige Konfliktlösungsart, die Sie am ehesten bei Mitarbeitern anwenden würden, mit einem »M«, die für Kollegen mit einem »K« und jene für Vorgesetzte mit einem »V«.

■ Konfliktlösungs-stil	■ charakteristisches Verhalten	■ Rechtfertigung
Vermeidung M .... ☐ K .... ☐ V .... ☐	Nicht konfrontations-freudig. Ignoriert oder übergeht Streit-fragen. Bestreitet, daß Streitfragen ein Problem sind.	Differenzen zu gering-fügig oder zu groß für Beilegung. Lösungsver-suche könnten Bezie-hungen schädigen oder sogar zu noch größeren Problemen führen.
Zuvorkommen M .... ☐ K .... ☐ V .... ☐	Angenehmes, kom-promißbereites Verhalten. Zusam-menarbeit auch auf Kosten persönli-cher Ziele.	Die Sache ist es nicht wert, Schäden an Bezie-hungen oder allgemeine Disharmonie zu riskie-ren.
Gewinner/Verlierer M .... ☐ K .... ☐ V .... ☐	Konfrontations-freudig, bestimmt und agressiv. Muß um jeden Preis gewinnen.	Nur die Stärksten über-leben. Muß Überlegen-heit beweisen. Vom ethischen und professio-nellen Standpunkt be-trachtet am korrekt-testen.
kompromiß-bereit M .... ☐ K .... ☐ V .... ☐	Wichtig, daß alle Parteien grund-legende Ziele er-reichen und gute Beziehungen auf-rechterhalten. Aggressiv, aber kooperativ.	Es gibt weder perfekte Personen noch Ideen. Man kann alles auf ver-schiedene Arten errei-chen. Man muß geben, um etwas zu bekommen.

■ Konfliktlösungs-stil	■ charakteristisches Verhalten	■ Rechtfertigung
Problemlösungs-orientiert M .... ☐ K .... ☐ V .... ☐	Bedürfnisse beider Parteien sind legitim und wichtig. Erkennt die Bedeutung wechselseitiger Unterstützung. Bestimmt und kooperativ.	Wenn die Parteien offen über strittige Fragen sprechen, kann eine für beide Seiten günstige Lösung gefunden werden, ohne daß jemand eine größere Konzession macht.

Gehen Sie diese Tabelle mit den Mitgliedern Ihres Teams durch. Vergleichen Sie die Antworten, damit Sie wissen, wie die anderen die Dinge sehen. Diskutieren Sie über Möglichkeiten einer effektiveren Konfliktlösung sowohl innerhalb des Teams als auch mit außenstehenden Einheiten.

Bei der Diskussion über Arten der Konfliktlösung ist Ihrem Team und Ihnen vielleicht das nachstehende Diagramm von Nutzen.

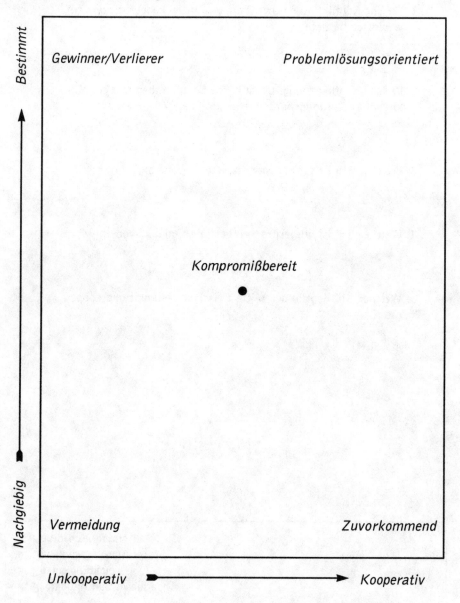

Beantworten Sie bitte die folgenden Fragen:

1. Welche Konfliktlösungsart ist am wenigsten kooperativ und am wenigsten bestimmt?

2. Welche Konfliktlösungsart ist durch Bestimmtheit und ein Maximum an Zusammenarbeit gekennzeichnet?

3. Welcher Stil ist sehr kooperativ, aber nachgiebig?

4. Welcher Stil ist ausgesprochen bestimmt und unkooperativ?

5. Welcher Stil liegt in der Mitte zwischen bestimmt und kooperativ?

Die richtigen Antworten:

1. Vermeidend
2. Problemlösungsorientiert
3. Zuvorkommend
4. Gewinner/Verlierer
5. Kompromißbereit

Wenn die Teammitglieder die Natur von Konflikten erkannt und konstruktive Methoden zu ihrer Auflösung erarbeitet haben, sind sie meist in der Lage, Konflikte selbständig zu lösen. Wenn dies nicht gelingt, oder wenn eine Intervention Ihrerseits aus anderen Gründen nötig ist, müssen Sie möglicherweise eine individuelle Lösung suchen.

Wie gut Sie dazu imstande sind, können Sie anhand des Tests – unseres Fall 4 – ermitteln.

Fall 4 – Konflikte lösen

Walter ist Chef einer kleinen Gruppe von Qualitätskontrolloren eines Labors für chemische Produkte. Zwei Kontrollore sind zu verschiedenen Zeiten zu ihm gekommen, um ihm Vorschläge für das Berichten von Testergebnissen an das Management zu unterbreiten. Der erste Kontrollor, Christoph, möchte die Ergebnisse dem Leiter der Einheit übermitteln, in der die Proben erzeugt wurden. Valerie, die zweite Kontrollorin, möchte die Berichte direkt dem Betriebsleiter übermitteln, so daß Korrekturen möglichst früh vorgenommen werden können. Sowohl Christoph als auch Valerie sind tüchtige Mitarbeiter, aber sie stehen in ständiger Konkurrenz miteinander. Walter ist es bereits aufgefallen, daß zwischen ihnen bereits einige scharfe Wortwechsel über dieses Thema stattgefunden haben. Beide Ideen sind vernünftig, und beide sind besser als die derzeitige Praxis, die Berichte an das Verwaltungsbüro zu senden.

Identifizieren Sie die fünf grundlegenden Konfliktlösungsansätze anhand der fünf untenstehenden Beispiele. Danach kreuzen Sie jenen Ansatz an, den Sie an Walters Stelle wählen würden.

1. Sie analysieren die Situation objektiv, entscheiden, wer recht hat, und bitten Christoph und Valerie, Ihre Entscheidung zu implementieren .... ☐

2. Sie warten und sehen, was passiert .... ☐

3. Sie lassen beide Kontrahenten ihre Berichte so abliefern, wie sie es für richtig halten .... ☐

4. Sie bringen Christoph und Valerie zu einem Gespräch zusammen, um eine Lösung auszuarbeiten, mit der sie leben können, obwohl beide ein bißchen nachgeben müssen .... ☐

5. Sie schlagen Christoph und Valerie vor, ihre Ideen zu kombi-
   nieren, so daß beide ihr Ziel erreichen (den Bericht an den Leiter der Einheit übersenden und dem Betriebsleiter eine Kopie
   übermitteln) .... □

Vergleichen Sie Ihre Antworten mit jenen des Autors auf Seite 82/83.

In der Aufbauphase eines Teams lernen die Mitglieder einander besser
kennen. Sie lernen, individuelle Unterschiede zu respektieren, die Beiträge der anderen zu schätzen und die Zufriedenheit zu empfinden, wenn sowohl persönliche
als auch arbeitsbezogene Ziele erreicht werden.

Vertrauen ist ein wichtiger Bestandteil dieser Erfahrung, weil es so starke Auswirkungen auf alle Aspekte der Leistung eines Teams hat.

Der Autor dieses Buches bittet die Teilnehmer seiner Seminare schon seit
einigen Jahren, niederzuschreiben, welchen Stellenwert Vertrauen für sie hat.
Eine Auswahl dieser Beiträge finden Sie auf der folgenden Seite.

➜ **Wenn in einem Team Vertrauen herrscht, gibt es nur Gewinner.**

Die folgenden Aussagen über Vertrauen stellen authentische Zitate von Personen dar, die sich mit Teamaufbautechniken vertraut machten.

A: Damit Vertrauen entstehen kann, ist es nötig, klare und konsistente Ziele zu haben, zu deren Definition alle Mitarbeiter einen Beitrag leisten und die konsequent verfolgt werden. Die Mitarbeiter sollten ihre Vorgesetzten als offen, fair, ehrlich und zuhörwillig erleben. Die Manager müssen entscheidungsfreudig sein und auch in schwierigen Situationen zu ihren Entscheidungen stehen.
Die Mitarbeiter müssen darauf vertrauen, daß sie von ihrem Manager auch in heiklen Belangen unterstützt werden und er die Verantwortung für die Handlungen der gesamten Gruppe übernimmt. Ein Manager muß die Leistungen seiner Mitarbeiter anerkennen, wann immer dies angebracht ist.

B: Ich definiere Vertrauen als den festen Glauben an Charakter, Fähigkeit und Stärke von jemand oder etwas. Vertrauen entsteht in einer Arbeitsgruppe durch die Förderung einer offenen Kommunikation, durch faire Führung und feinfühlige Kontrolle.

C: Das Entstehen von Vertrauen in einer Arbeitsgruppe erfordert offene und ehrliche Kommunikation, das Akzeptieren anderer, das Teilen eines gemeinsamen Ziels und das Respektieren der Meinungen anderer darüber, wie dieses Ziel erreicht werden soll.

D: Vertrauen ist eine notwendige Voraussetzung für eine produktive Arbeitsumgebung. Es ist wichtig, daß alle Personen eine offene, ehrliche Kommunikation pflegen, um die Bewußtseinsbildung zu stärken und Zusammenarbeit zu fördern. Eine Umgebung voller Vertrauen fördert die Loyalität und das Bekenntnis zu den gemeinsamen Bestrebungen und Zielsetzungen der Organisation.

Wenn die Kommunikation offen ist, Konflikte positiv gelöst werden und wechselseitige Unterstützung und Vertrauen herrschen, sind Sie auf dem besten Weg zu einer Teambildung.

➜ **Wenn die Teamziele und die Leistungen des Teams entsprechend anerkannt werden, arbeiten Sie erfolgreich.**

Es gibt viele Formen der Anerkennung, aber eine der wirkungsvollsten ist das Lob. Einige Manager setzen Lob effektiv ein, andere nur wenig oder überhaupt nicht. Auf der nächsten Seite finden Sie Beispiele für erfolgreiches Verhalten und Fehlverhalten.

➜ **Lob kann durch nichts ersetzt werden!**

Was für ein Typ sind Sie?

■ Erfolg	■ Mißerfolg
Führungspersonen, die es für wichtig halten, zum Selbstwertgefühl anderer beizutragen.	Unsensibles Verhalten gegenüber den Bedürfnissen anderer.
Führungspersonen, die die Teammitglieder von Zeit zu Zeit für die Erfüllung der ihnen aufgetragenen Arbeit loben.	Jene, die meinen, daß Lob für Personen, die die an sie gestellten Anforderungen zwar erfüllen, aber nicht übertreffen, unangebracht sei.
Führungspersonen, die wissen, daß die Leute besser auf Lob für Dinge reagieren, die sie gut machen, als auf Kritik an ihren Fehlern.	Jene, die nur nach den Fehlern suchen und andauernd negatives Feedback geben.
Führungspersonen, die aufrichtiges Lob für etwas zollen, was der Empfänger nachvollziehen kann.	Jene, die unaufrichtig sind und Lob nur einsetzen, um zu bekommen, was sie wollen.
Führungspersonen, die Teamarbeit loben, aber auch individuelle Beiträge zu den Endergebnissen anerkennen.	Jene, die sich nicht die Mühe machen, Teamarbeit zu belohnen oder individuelle Beiträge anzuerkennen.

Fügen Sie Beispiele aus Ihrer eigenen Erfahrung hinzu:

Was für ein Typ sind Sie?

■ Erfolg   ■ Mißerfolg

→ Zur rechten Zeit gespendetes Lob belohnt sowohl den Spender als auch den Empfänger.

→ Fußballspieler holen sich oft Feedback von ihren Kollegen. Auch jedes andere Team kann von dieser Vorgangsweise profitieren.

Die Leistungen eines Teams können verbessert werden, wenn die Teammitglieder einander Feedback über den Verlauf der Dinge geben. Wenn alles gut gemacht wird, kann positive Anerkennung dafür sorgen, daß ähnliche Leistungen auch in Zukunft erzielt werden. Korrigierende Maßnahmen zur Anpassung mangelhafter oder inadäquater Leistungen reinigen die Luft und können die Weichen für künftige Erfolge stellen.

Sie haben soeben einige positive Gedanken zum Thema Lob gehört. Auf der folgenden Seite erfahren Sie, wie auch Korrekturen mit Hilfe positiver Methoden durchgeführt werden können.

Disziplin ist eine grundlegende Erfordernis für das Zustandekommen guter Teamleistungen. Ein guter Teamleader hält die Kontrolle aufrecht, versucht jedoch, eine
Umgebung zu schaffen, in der sich die Teammitglieder selbst kontrollieren. Dies
wird durch »Disziplin, die sich durch Schulung oder Übung entwickelt oder formt«,
erreicht. Die Mittel, durch die eine positive Disziplin erzielt werden kann, finden
Sie nachstehend beschrieben. Kreuzen Sie an, wie gut Sie jede Technik beherr-
schen.

☒ G = Das mache ich gut, V = Das sollte ich verbessern   G   V

1. Ich achte von Anfang an darauf, daß die Teammitglieder wissen, was von ihnen erwartet wird und welche Standards sie erfüllen müssen .... ☐ ☐

2. Ich erkläre den Teammitgliedern, wie sie die in sie gesetzten
Erwartungen und die Standards erfüllen können .... ☐ ☐

3. Ich ermutige die Teammitglieder, wenn sie Fortschritte zur Erreichung der Unternehmensziele machen .... ☐ ☐

4. Ich lobe die Teammitglieder, wenn sie die Vorgaben erreichen
und die in sie gesetzten Erwartungen erfüllen .... ☐ ☐

5. Ich korrigiere inadäquate oder mangelhafte Leistungen, wenn
sie auftreten, und wiederhole die Schritte 1 bis 4 .... ☐ ☐

6. Wenn die inadäquate oder mangelhafte Leistung nach einer be-
stimmten Zeit immer noch auftritt (und Schritt 5 angewandt
wurde), wechsle ich den Spieler/die Spielerin aus oder schließe
ihn/sie aus dem Team aus. Er oder sie entspricht nicht dem
Teamstandard .... ☐ ☐

Wenn diese Vorgangsweise konsequent angewandt und eingehalten wird, ver-
schwinden die meisten disziplinären Probleme. Wenn Sie sie bisher nicht angewandt haben, können Sie diese Vorgangsweise mit sofortiger Wirkung in Ihrem
Team einführen. Die meisten Leute wollen das Richtige tun, brauchen aber oft
Führung, um zu erkennen, was das Richtige ist.

Sie haben alle Voraussetzungen zur erfolgreichen Teambildung hinter sich gebracht.

Nun ist es an der Zeit, Ihre Fortschritte zu messen. Welche der Aussagen des folgenden Tests sind richtig und welche falsch?

Test

Beantworten Sie bitte folgende Fragen mit richtig oder falsch.

X R = richtig, F = falsch

R   F

1. Die Teamleader betonen die Beteiligung jedes einzelnen Mitglieds und erwarten, daß diese Personen die Verantwortung für ihre Beiträge übernehmen .... ☐ ☐

2. Wenn man ein starkes Team aufbauen und die Fähigkeiten der Mitglieder optimal nutzen will, ist es kaum notwendig, die eigenen Fähigkeiten zu verbessern .... ☐ ☐

3. Die Leute sind produktiver, wenn sie das Gefühl haben, für ihre Aufgabe oder Organisation verantwortlich zu sein .... ☐ ☐

4. Wenn ein Team erfolgreich ist, gilt dies auch für alle seine Mitglieder .... ☐ ☐

5. Die Auswahl qualifizierter Leute, die von Anfang an gut mit den anderen zusammenarbeiten können, wirkt sich positiv auf die Teambildung aus .... ☐ ☐

6. Wenn der Teamleader die Mitglieder in die Planung, Zielfestlegung und Problemlösung miteinbezieht, hat dies ein verstärktes Engagement zur Erreichung des Teamziels zur Folge ...... ☐ ☐

7. Teamleader fördern die Ausbildung der Teammitglieder und halten sie dazu an, das Gelernte anzuwenden .... ☐ ☐

☒ R = richtig, F = falsch

R   F

8. Teams sind stärker an der Erreichung positiver Ergebnisse als an kleinlichen Streitereien interessiert .... ☐ ☐

9. Vertrauen ist in den meisten Teamsituationen ein eher unwichtiger Faktor .... ☐ ☐

10. Die Teammitglieder müssen über alles informiert werden, was ihre Arbeit betrifft .... ☐ ☐

11. Konkurrenz und Konflikte sind gesund für ein Team, wenn sie nicht außer Kontrolle geraten und rasch beigelegt werden ... ☐ ☐

12. Offene Kommunikation in einem Team fördert das gegenseitige Verstehen sowie die Anerkennung der individuellen Verschiedenheit und ermutigt zu gegenseitiger Unterstützung .... ☐ ☐

13. Teams beteiligen sich an der Entscheidungsfindung, aber sie nehmen zur Kenntnis, daß der Teamleader selbständig entscheiden muß, wenn kein Konsens erreicht wird oder wenn es eine Krise gibt .... ☐ ☐

14. Erfolgreiche Teams haben wenig Bedürfnis nach Anerkennung und Lob .... ☐ ☐

15. Eigenkontrolle und gute Disziplin sind Nebenprodukte des Aufbaus eines Teams .... ☐ ☐

Die richtigen Antworten:

1. Richtig. Engagement und Verantwortung sind von wesentlicher Bedeutung für Teams.
2. Falsch. Das ist eine der größten Herausforderungen, die es für Teamleader überhaupt gibt.
3. Richtig. Durch das Gefühl der Verantwortlichkeit entstehen Engagement und Produktivität.
4. Richtig. Der Erfolg zeigt, daß alle Mitglieder ihren Rollen gerecht werden.
5. Richtig. Gute Leute sind die Grundlage für jeden Erfolg.
6. Richtig. Diese Dinge kann man weder fordern noch erzwingen.
7. Richtig. Teamleader sorgen dafür, daß Training Nutzen bringt.
8. Richtig. Produktivität, Engagement, offene Kommunikation und Vertrauen sind die Dinge, die kleinlichen Streitereien am ehesten zum Opfer fallen.
9. Falsch. Vertrauen ist eines der wichtigsten Ingredienzen.
10. Richtig. Durch richtige Informationen wird der Job leichter.
11. Richtig. Solche Situationen wirken stimulierend und bereichernd.
12. Richtig. Vergessen dieses Prinzips auf eigene Gefahr!
13. Richtig. Einhalten der Fristen ist auch in der Entscheidungsfindung wichtig.
14. Falsch. Anerkennung und Lob zählen zu den stärksten Motivationsfaktoren überhaupt.
15. Richtig. Es ist unwahrscheinlich, daß Leute, die sich einer Aufgabe, einer Einheit oder einander verpflichtet fühlen, willkürlich und unnötig Probleme vom Zaun brechen.

Lassen Sie sich nicht zu den zehn unverzeihlichen Fehlern hinreißen, die folgend aufgezählt werden.

Kreuzen Sie jene Fehler an, die Sie vermeiden wollen.

1. Verabsäumen, sich die grundlegenden Management- und Führungsfähigkeiten anzueignen .... ☐

2. Zulassen schlechter Mitarbeiter-Auswahltechniken .... ☐

3. Unterlassen von Diskussionen über Erwartungen oder keine Festlegung gemeinsam gesteckter Ziele .... ☐

4. Unaufmerksamkeit bezüglich der Schulungs- und persönlichen Entwicklungsbedürfnisse der Teammitglieder .... ☐

5. Mangelnde Befürwortung, Unterstützung und Förderung der Aktivitäten zum Aufbau des Teams .... ☐

6. Die Beteiligung der Mitglieder an Aktivitäten, bei denen sie einen echten Beitrag leisten könnten, verhindern .... ☐

7. Dem Team kein Feedback geben bzw. sich keines geben lassen ☐

8. Zulassen, daß Konflikte und Konkurrenz außer Kontrolle geraten oder versuchen, sie überhaupt zu verhindern .... ☐

9. Anerkennung und Belohnung des Teams und seiner Mitglieder anderen überlassen .... ☐

10. Spieler, die nicht auf die Trainerratschläge reagieren, nicht in die Unterliga zurückversetzen .... ☐

→ **Denken Sie eine Minute über das nach, was Sie gelernt haben – und legen Sie sich dann mit Hilfe des Beispiels auf der nächsten Seite einen persönlichen Aktionsplan zurecht**

Legen Sie sich einen persönlichen Aktionsplan zurecht

Denken Sie noch einmal über das nach, was Sie gelesen haben. Gehen Sie die Frageblätter zur Selbstanalyse nochmals durch. Denken Sie noch einmal über die Fallstudien und die Verstärkungsübungen nach. Was haben Sie über den Aufbau von Teams gelernt? Was haben Sie über sich selbst gelernt? Wie können Sie das Gelernte anwenden? Versprechen Sie sich selbst, ein besserer Teamspieler zu werden und Ihre Fähigkeiten zum Aufbau von Teams zu verbessern, indem Sie sich einen persönlichen Aktionsplan zurechtlegen, der Ihnen bei der Erreichung dieses Ziels hilft.

Die folgenden Richtlinien können Ihnen helfen, ihre Ziele klarer zu formulieren und die für ihre Erreichung nötigen Aktionen zu definieren.

1. Meine derzeitigen Fähigkeiten zum Aufbau eines Teams sind in folgenden Bereichen effektiv:

2. Ich muß meine Teamaufbaufähigkeiten in folgenden Bereichen verbessern:

3. In bezug auf die Verbesserung meiner Teamaufbaufähigkeiten habe ich folgende Ziele:

(Achten Sie darauf, daß diese Ziele spezifisch, erreichbar und meßbar sind.)

4. Die folgenden Personen und Ressourcen können mir bei der Erreichung meiner Ziele behilflich sein:

5. Es folgen eine Aufzählung meiner Aktionsschritte sowie ein Zeitplan für die Erreichung der einzelnen Ziele.

Fall 1 – Ist diese Chefin noch zu retten?

Marie-Luise steckt in ernsthaften Schwierigkeiten. Es wird ihr wirklich schwerfallen, das Ruder wieder herumzureißen. Offensichtlich ist sie eine Gefangene ihrer Büro- und Papierarbeit. Sie braucht Schulungen, um kompetenter zu werden und Selbstvertrauen für ihre Position als Chefin zu gewinnen. Marie-Luise wird erst dann lernen, andere zu managen, wenn sie mit sich selbst zurechtkommt. Es scheint auch so zu sein, daß ihre Mitarbeiter über keine adäquate Ausbildung verfügen, unsicher sind und eine mangelhafte Disziplin haben. Solange sie sich in ihren Jobs nicht besser zurechtfinden und die Wichtigkeit der Zusammenarbeit nicht erkennen, wird Chaos herrschen.

Da die Mitglieder der Gruppe von Marie-Luise voneinander abhängig sind, müssen sie als Team zusammenarbeiten, um Erfolg zu haben. Marie-Luise muß ihr Bestes geben, um Teamkonzepte zu erlernen und anzuwenden. Spezifischer ausgedrückt, muß sie eine bessere Führungsperson und Vorgesetzte werden, die Fähigkeiten und das Selbstvertrauen ihrer Mitarbeiter aufbauen, für ein besseres Arbeitsklima sorgen und ein geeignetes Belohnungssystem einführen. Wie das geht, erfahren Sie in diesem Buch.

Fall 2 – Welchem Vorgesetzten würden Sie den Vorzug geben?

Glücklicherweise haben sowohl Christina als auch Michael erkannt, wie wichtig klare Ziele und Pläne sind. Mitarbeiter, deren Kenntnisse oder Fachwissen beschränkt sind, neigen wahrscheinlich eher zu Christinas Ansatz, weil sie noch viel zu lernen haben. Wenn sie jedoch unter Christinas Führung lernen, fühlen sie sich vielleicht zu sehr eingeengt, um ihre Ideen und Vorstellungen mitzuteilen. Neue Methoden, bessere Produkte und einfachere Wege zur Erreichung der Ziele könnten dadurch behindert werden. Erfahrene Mitarbeiter haben dieses Gefühl vielleicht bereits zu Anfang.

Erfahrene Mitarbeiter werden Michaels Ansatz schätzen, weil er ihnen Spielraum für eigene Beiträge läßt. Sie werden das Gefühl haben, bei der Verbesserung sowohl ihrer eigenen Effektivität als auch jener der Gruppe freie Hand zu haben. Weniger fähige Mitarbeiter werden zum Lernen ermutigt, so daß auch sie produktiver werden und bessere Beiträge leisten können. Michaels Mitarbeiter werden sich über seine Entscheidung, an Schulungen für Führungskräfte teilzunehmen, freuen, weil sie es schätzen, wenn ein Manager mit den Grundlagen vertraut ist.

Fall 3 – Die unzufriedenen Mitarbeiter

Johanna und Susanne haben allen Grund zum Klagen. Johanna wünscht sich eine Chance, über ihre derzeitigen Aufgaben hinauszuwachsen. Ihre Bemühungen, das zu lernen, was von ihr erwartet wird, wurden blockiert, und sie ist vom vielen Warten auf neue Aufgaben frustriert. Man hat ihr gesagt, sie solle sich über die Leerläufe keine Gedanken machen und anderen nur dann helfen, wenn es ihr aufgetragen würde. Eine derartige Situation ist frustrierend für jemanden, der wirklich etwas leisten will.

Susanne leidet unter den Folgen der mangelhaften Kommunikation mit ihrer Vorgesetzten. Sie kann diese Situation erst dann bereinigen, wenn Jeanette entweder die Kommunikationskanäle zwischen den anderen Mitarbeitern und Susanne öffnet oder wenn sie die Informationen zeitgerecht weiterzugeben beginnt.

Jeanette kontrolliert ihre Mitarbeiterinnen zu stark, weil sie der Meinung zu sein scheint, sie könnten nicht eigenständig denken. Sie vereitelt sogar die freiwilligen Versuche ihrer Mitarbeiterinnen, selbst die Initiative zu ergreifen und einander zu unterstützen. Jeanette muß ihre Einstellung zu ihrer Position als Vorgesetzte überdenken und offener im Umgang mit ihren Mitarbeiterinnen sein. Andernfalls wird Jeanette sehr bald zu einer »Ex-Managerin«.

Fall 4 – Konflikte lösen

Der *Gewinner/Verlierer-Ansatz* (Punkt I) nimmt Christoph und Valerie eine Möglichkeit der Problemlösung und macht einen von ihnen zum Verlierer. *Vermeidung* (Punkt 2) läßt zwei Empfehlungen unbeachtet. *Zuvorkommendes Verhalten* (Punkt 3) könnte funktionieren, verwirrt jedoch eventuell die Betriebsleitung. *Kompromißbereitschaft* (Punkt 4) wäre in diesem Fall wahrscheinlich die beste Lösung, weil sie erfordert, daß jeder Beteiligte seine Denkweise im Lichte der Argumente des anderen einer sorgfältigen Überprüfung unterzieht und gemeinsam mit dem anderen an einer für beide akzeptablen Lösung arbeitet. Im Laufe dieses Prozesses könnte dann Punkt 5, *Problemlösung,* zur Anwendung kommen, und zwar nicht nur, weil dieser Ansatz zur Erledigung der Arbeit führt, sondern auch, weil er zuläßt, daß die von beiden ursprünglich gemachten Empfehlungen realisiert werden.

Management

Hans-Jürgen Kratz
Anerkennung und Kritik
So vermeiden Sie die klassischen Fehler

Kurt Hanks
Die Kunst der Motivation
Wie Manager ihren Mitarbeitern Ziele setzen und
Leistungen honorieren – Ideen/Konzepte/
Methoden

Lynn Tylczak
Die Produktivität der Mitarbeiter steigern
Kosten reduzieren – Produktqualität, Service-
qualität und Moral erhöhen – basierend auf Wert-
Management-Prinzipien

Cynthia D. Scott/Dennis T. Jaffe
**Empowerment – mehr Kompetenz den
Mitarbeitern**
So steigern Sie Motivation, Effizienz und
Ergebnisse

Robert B. Maddux
Erfolgreich delegieren
Schlüsselfaktoren – Analyse der persönlichen
Delegationsfähigkeit – Entwicklung eines
Aktionsplans – Fallstudien – Checklisten

Charles Martin
Existenzgründung leichtgemacht
Ein Leitfaden für Unternehmer

Axel Gloger
Franchising
Die Lizenz zum Erfolg

Michael F. Petz
Führen – Fördern – Coachen
Wie man Mitarbeiter zum Erfolg führt

Pat Heim/Elwood N. Chapman
Führungsgrundlagen
Ein Entwicklungsprogramm für erfolgreiches
Management

Marylin Manning/Patricia Haddock
Führungstechniken für Frauen
Ein Stufenplan für den Management-Erfolg

Gerald Bandzauner
Internet – Grundlagen und Anwendungen
DFÜ (Datenfernübertragung) – Dienste im
Internet – Netiquette: Regeln im Internet –
Checkliste zur Einführung von Internet

James G. Patterson
ISO 9000
Globaler Qualitätsstandard – Kosten-Nutzen-
Relation – Die zwanzig Elemente – Qualitäts-
Checklist

Herbert S. Kindler
Konflikte konstruktiv lösen
Produktive Teamarbeit – Streß und Spannungen
abbauen – Lösungsvorschläge – Fallstudien –
Checklisten

Hans-Jürgen Kratz
Mobbing
Erkennen, Ansprechen, Vorbeugen

Marion E. Haynes
Projekt-Management
Von der Idee bis zur Umsetzung – Faktor Qualität/
Der Projekt-Lebenszyklus – Erfolgreicher Abschluß
Zeit/Kosten – Erfolgreicher Abschluß

Diane Bone/Rick Griggs
Qualität am Arbeitsplatz
Leitfaden zur Entwicklung von hohen Personal-
Qualitäts-Standards – Beispiele, Übungen,
Checklisten

Herbert S. Kindler
Risiko übernehmen
Nur wer wagt, gewinnt

Rick Conlow
Spitzenleistungen im Management
Wie man Mitarbeiter dazu anspornt, ihr Bestes zu
geben – 6 Schlüsselfaktoren

Robert B. Maddux
Team-Bildung
Gruppen zu Teams entwickeln – Leitfaden zur
Steigerung der Effektivität einer Organisation

Marketing/Verkauf/PR

Richard Gerson
Der Marketingplan
Stufenweise Entwicklung – Umsetzung in die Pra-
xis – Checklisten und Formulare

Michael Kapfer-Klug/Patricia Essl
Direktwerbung
Ein praktischer Leitfaden

Controlling/Finanz- und Rechnungswesen

Peter Kralicek
Bilanzen lesen – Einführung
Keine Angst vor Kennzahlen

Terry Dickey
Grundlagen der Budgetierung
Informationsgrundlagen – effiziente Planung –
Techniken der Budgetierung – Prognosen und
Controlling-Ergebnisse

Peter Kralicek
Grundlagen der Finanzwirtschaft
Bilanzen – Gewinn- und Verlustrechnung – Cash-
flow – Kalkulationsgrundlagen – Finanzplanung –
Frühwarnsysteme

Peter Kralicek
Grundlagen der Kalkulation
Kosten planen und kontrollieren/Kosten-
senkungsprogramm/Preisuntergrenzen und
Zielpreise/Methoden/Fallbeispiele

Roman Hofmeister
Management by Controlling
Philosophie – Instrumente – Organisations
voraussetzungen – Fallbeispiele

Candace L. Mondello
So kommen Sie schneller zu Ihrem Geld
Inkassosysteme/Kreditprogramm/Risikokontrolle

Wirtschaftsrecht

Horst Auer (Österreich)
Ulrich Weber (Deutschland)
Rechtsgrundlagen für GmbH-Geschäftsführer
Geschäftsführung und Vertretung – Weisungen –
zivil- und strafrechtliche Haftung – Abgaben-,
Sozialversicherungs-, Gewerbe- und Verwaltungs-
strafrecht – Gesetzestexte, Musterverträge

Personalwesen

Hans-Jürgen Kratz
Neue Mitarbeiter erfolgreich integrieren
Nutzen Sie ein praxiserprobtes Einführungs-
konzept

Robert B. Maddux
Professionelle Bewerberauslese
Interviews optimal vorbereiten – Stärken-
und Schwächenkatalog – die sieben
unverzeihlichen Fehler – Kriterien für die
richtige Entscheidung

Elwood N. Chapman
Teilzeitkräfte richtig einsetzen und führen
Arbeit optimieren – Kosten reduzieren

Arbeitstechniken

Gabriele Cerwinka, Gabriele Schranz
Der optimale Umgang mit Chefs
Cheftypen, Chefanalyse, Chefgespräch, Chefkritik

Robert B. Maddux
Erfolgreich verhandeln
Entwicklung einer Gewinn(er)-Philosophie –
8 schwerwiegende Fehler – 6 Grundschritte zu
professioneller Verhandlungstechnik

Peter Kürsteiner/Inga Berkensträter
Gedächtnistraining
Grundlagen der Gedächtniskunst – Hören und
zuhören – Namen merken kein Problem – Zahlen
merken eine Kunst – Lesen, verstehen, behalten –
praxisnahe Übungen

Marion E. Haynes
Konferenzen erfolgreich gestalten
Wie man Besprechungen und Konferenzen plant
und führt

Carol Kinsey Goman
Kreativität im Geschäftsleben
Eine praktische Anleitung für kreatives Denken

Petra Rietsch
Multimedia-Anwendungen
Was Auftraggeber wissen sollten
– Zielgruppen, Einsatzorte, Einsatzformen
– Vorbereitung der Inhalte – Kostenfaktoren
– Wahl des Auftragnehmers – Checklisten

James R. Sherman
**Plane deine Arbeit –
arbeite nach deinem Plan**
Planungstypen und -modelle – die 8 Planungs-
stufen

Steve Mandel
Präsentationen erfolgreich gestalten
Bewährte Techniken zur Steigerung Ihrer Selbst-
sicherheit, Motivationsfähigkeit und
Überzeugungskraft

Gabriele Cerwinka/Gabriele Schranz
Professionelle Protokollführung
Objektiv und sachlich – logisch und übersichtlich
gegliedert – klar und deutlich formuliert – mit
vielen Beispielen

Gabriele Cerwinka/Gabriele Schranz
Professioneller Schriftverkehr
Übersichtlich und prägnant – praxisnah und
zeitgemäß – mit vielen Beispielen

Joyce Turley
Schnellesen im Geschäftsleben
Bewährte Techniken zur besseren Bewältigung der
Informationsflut

Jean Quinn Manzo
Überleben ohne Sekretärin
Büroorganisation – Zeitmanagement – effektive
Meetings – PC-Management – Checklisten

Uwe Scheler
**Vortragsfolien und Präsentations-
materialien**
planen – gestalten – herstellen

Persönlichkeitsentwicklung

Michael Crisp
**12 Schritte zur persönlichen
Weiterentwicklung**
Selbstbewußtsein – Kommunikation –
Partnerschaften/berufliche Fähigkeiten –
Kreativität

Lynn Fossum
Ängste überwinden
Selbstvertrauen stärken – Ängste verstehen,
bewerten und abbauen

Pamela J. Conrad
Berufs- und Privatleben im Griff
Techniken für ein erfolgreiches
Lebensmanagement

Paul R. Timm
Erfolgreiches Selbstmanagement
5-Stufen-Plan zur Entwicklung von: persönlicher
Leistungsfähigkeit, Zeitmanagement und
Arbeitstechniken, besonderen Talenten

Reinhard Zehetner
Ich muß bei mir selbst beginnen
Anregungen und Impulse zu Kommunikations-
prozessen in Betrieben und im alltäglichen Leben

Sam Horn
Konzentration
Mit gesteigertem Aufnahme- und Erinnerungs-
vermögen zum Erfolg

Barbara J. Braham
Lebenssinn und persönliche Erfüllung
Die 5 Blockaden – Der Lebenszyklus – Neue
Dimensionen

Marion E. Haynes
Persönliches Zeitmanagement
So entkommen Sie der Zeitfalle

Elwood N. Chapman
Positive Lebenseinstellung
Ihr wertvollster Besitz

Sam R. Lloyd/Christine Berthelot
**Selbstgesteuerte Persönlichkeits-
entwicklung**
Selbsteinschätzung – Erwartungshaltungen und
Lösungen – verbesserte Führungsfähigkeiten –
Persönlichkeitsentwicklungsprogramm

Merrill F. Raber/George Dyck
Topfit
Mentale Gesundheit – Umgang mit Streß –
Sich selbst und andere verstehen

Jeffrey E. Lickson
Verbessern Sie Ihre persönliche Lebensqualität
Psychologische und soziale Blockaden auflösen –
Stärken erkennen – Ziele setzen –
Selbstbewußtsein stärken

Kommunikation

Phillip Bozek
**50 Ein-Minuten-Tips für erfolgreichere
Kommunikation**
Techniken für effizientere Konferenzen, schrift-
liche Mitteilungen und Präsentationen

William L. Nothstine
Andere überzeugen
Ein Leitfaden der Beeinflussungsstrategien

Venda Raye-Johnson
Beziehungen aufbauen
Erprobte Techniken für Ihren Karriereerfolg/
So schaffen Sie ein Netzwerk verläßlicher
Kontakte

Peter Weghorn
Der Rhetorik-Profi
Kommunikationssituationen/Fragetechniken/
Schlagfertigkeit und Übungen/Praktische Tips,
Tricks und Hintergründe

Emil Hierhold/Erich Laminger
Gewinnend argumentieren
konsequent – erfolgreich – zielsicher

Roman Braun
NLP – eine Einführung
Kommunikation als Führungsinstrument

Diane Bone
Richtig zuhören – Mehr erreichen
Ein praktischer Leitfaden zu effektiver
Kommunikation

Stefan Czypionka
Umgang mit schwierigen Partnern
Erfolgreich kommunizieren mit Kunden,
Mitarbeitern, Kollegen, Vorgesetzten u. a. m.

Weiterbildung/Karriere

Nancy Struck
Arbeiten von zu Hause
Mehr Vorteile durch Tele- und Heimarbeit

Diane Berk
**Optimale Vorbereitung für Ihr
Bewerbungsgespräch**
So bekommen Sie Ihren Traumjob

Elwood N. Chapman
Überzeugen in der Probezeit
Die ersten 30 Tage im Job – der gelungene
Einstieg

Wir schicken Ihnen gerne kostenlos und unverbindlich unseren
New-Business-Line-Prospekt sowie Informationen zu unserem
Verlag:

Wirtschaftsverlag Carl Ueberreuter

D-60439 Frankfurt, Lurgiallee 6–8
Telefon 069/58 09 050
Fax 069/58 09 05/10

A-1091 Wien, Alserstraße 24
Telefon 01/40 444-0
Fax 01/40 444-156